**Manfred**

# *Physik • Chemie*
## *Formelknacker*

**POCKET TEACHER**

*Der Autor*
Dr. Manfred Kuballa war langjähriger Lehrer für Chemie und Physik.

**Bibliografische Information der Deutschen Nationalbibliothek**
Die Deutsche Nationalbibliothek verzeichnet diese Publikation in der Deutschen Nationalbibliografie; detaillierte bibliografische Daten sind im Internet über http://dnb.d-nb.de abrufbar.

Das Wort **Cornelsen** ist für den Cornelsen Verlag GmbH als Marke geschützt.

Alle Rechte vorbehalten.
Nachdruck, auch auszugsweise, vorbehaltlich der Rechte, die sich aus den Schranken des UrhG ergeben, nicht gestattet.

**4., aktualisierte Auflage**
© Cornelsen Scriptor 2012    D C B A
Bibliographisches Institut GmbH
Dudenstraße 6, 68167 Mannheim

Redaktionelle Leitung: Heike Krüger-Beer
Redaktion: Dirk Michel, Claudia Fahlbusch
Herstellung: Andreas Preising
Umschlaggestaltung: glas AG, Seeheim-Jugenheim
Umschlagabbildung: © Teerapun Fuangtong – Fotolia.com
Satz: Buchprojekt, Ernen (Schweiz)
Sachzeichnungen: Dr. Manfred Kuballa und Rainer J. Fischer, Berlin
Druck und Bindung: fgb – freiburger graphische betriebe GmbH & Co. KG, Bebelstraße 11, 79108 Freiburg i. Br.
Printed in Germany

ISBN 978-3-411-86997-8

# Inhalt

| | |
|---|---|
| Vorwort | 7 |
| **1 Größen und Einheiten** | 9 |
| 1.1 Basiseinheiten, abgeleitete Einheiten | 9 |
| 1.2 Ausgewählte Größen und Einheiten | 10 |
| 1.3 Zehnerpotenzen | 14 |
| **2 Mechanik** | 15 |
| 2.1 Bewegungsgrößen | 15 |
| 2.2 Bewegungsgesetze | 16 |
| 2.3 Ursache von Bewegungen | 17 |
| 2.4 Verschiedene Kräfte | 18 |
| 2.5 Einfache Maschinen | 20 |
| 2.6 Arbeit | 25 |
| 2.7 Energie | 26 |
| 2.8 Energieerhaltung | 27 |
| 2.9 Leistung | 27 |
| 2.10 Druck | 28 |
| Lerncheck | 33 |
| **3 Wärmelehre** | 34 |
| 3.1 Temperatur | 34 |
| 3.2 Thermische Ausdehnung von Festkörpern und Flüssigkeiten | 34 |
| 3.3 Thermische Änderung von Gasen | 35 |
| 3.4 Gasgesetze | 36 |
| 3.5 Innere Energie von Körpern | 36 |
| 3.6 Übertragung von Wärme | 37 |

| | | |
|---|---|---|
| 3.7 | Mischungstemperatur | 38 |
| | Lerncheck | 39 |

## 4 Akustik — 40
| | | |
|---|---|---|
| 4.1 | Kennzeichen einer Schwingung | 40 |
| 4.2 | Tonhöhe | 40 |
| 4.3 | Lautstärke | 42 |
| 4.4 | Schallausbreitung | 43 |
| | Lerncheck | 47 |

## 5 Optik — 48
| | | |
|---|---|---|
| 5.1 | Ausbreitung von Licht | 48 |
| 5.2 | Lochkamera (Camera obscura) | 49 |
| 5.3 | Licht und Körper | 49 |
| 5.4 | Reflexion von Licht | 50 |
| 5.5 | Spiegelbilder | 50 |
| 5.6 | Lichtbrechung | 51 |
| 5.7 | Linsen | 52 |
| 5.8 | Linsenbilder | 53 |
| | Lerncheck | 56 |

## 6 Elektrizität — 57
| | | |
|---|---|---|
| 6.1 | Elektrische Schaltsymbole | 57 |
| 6.2 | Elektrische Schaltungen | 58 |
| 6.3 | Stromstärke und Ladung | 59 |
| 6.4 | Stromrichtung | 59 |
| 6.5 | Elektrische Spannung | 60 |
| 6.6 | Messen von Stromstärke und Spannung | 61 |
| 6.7 | Gleichspannung, Wechselspannung | 62 |
| 6.8 | Elektrischer Widerstand | 63 |
| 6.9 | Ohmsches Gesetz | 64 |
| 6.10 | Reihenschaltung von Widerständen | 64 |
| 6.11 | Parallelschaltung von Widerständen | 66 |
| 6.12 | Innenwiderstand von Stromquellen | 67 |

Inhalt **5**

| | | |
|---|---|---|
| 6.13 | Elektrische Leistung und Energie | 69 |
| 6.14 | Elektrizität und Magnetismus | 70 |
| 6.15 | Elektromotorisches Prinzip | 72 |
| 6.16 | Transformatoren | 73 |
| 6.17 | Halbleiter | 74 |
| | Lerncheck | 77 |

| | | |
|---|---|---|
| **7** | **Kernphysik** | 78 |
| 7.1 | Zusammensetzung eines Atomkerns | 78 |
| 7.2 | Radioaktiver Zerfall | 78 |
| 7.3 | Messgrößen der Radioaktivität | 80 |
| 7.4 | Abgeleitete Größen und Einheiten | 80 |
| 7.5 | Beziehung zwischen den Messgrößen | 80 |
| | Lerncheck | 82 |

| | | |
|---|---|---|
| **8** | **Die chemische Formel** | 83 |
| 8.1 | Kennzeichen einer Formel | 83 |
| 8.2 | Säuren, Hydroxide, Salze | 83 |
| 8.3 | Nomenklaturregeln anorganischer Stoffe | 84 |
| 8.4 | Funktionelle Gruppen organischer Stoffe | 86 |
| 8.5 | Nomenklaturregeln organischer Stoffe | 87 |
| | Lerncheck | 89 |

| | | |
|---|---|---|
| **9** | **Chemische Gesetze** | 90 |
| 9.1 | Gesetz von der Erhaltung der Masse | 90 |
| 9.2 | Gesetz der konstanten Massenverhältnisse | 90 |
| 9.3 | Atomhypothese von Dalton | 91 |
| 9.4 | Volumengesetz von Gay-Lussac | 91 |
| 9.5 | Satz von Avogadro | 91 |
| | Lerncheck | 92 |

| | | |
|---|---|---|
| **10** | **Atomare und molare Größen** | 93 |
| 10.1 | Dichte | 93 |
| 10.2 | Atomare Größen | 93 |
| 10.3 | Molare Größen | 94 |

| | |
|---|---:|
| 10.4 Berechnen von Stoffumsätzen | 96 |
| Lerncheck | 99 |
| **11 Lösungen** | **100** |
| 11.1 Löslichkeit | 100 |
| 11.2 Konzentration von Lösungen | 101 |
| 11.3 Berechnen von Lösungen | 102 |
| Lerncheck | 104 |
| **12 Oxidation und Reduktion** | **105** |
| 12.1 Definition (vorläufig) | 105 |
| 12.2 Definition (erweitert) | 105 |
| 12.3 Oxidationszahlen | 106 |
| Lerncheck | 109 |
| **13 Tabellen** | **110** |
| 13.1 Naturkonstanten | 110 |
| 13.2 Mechanische Daten | 110 |
| 13.3 Thermische Daten | 112 |
| 13.4 Elektrische Daten | 115 |
| 13.5 Kernphysikalische Daten | 117 |
| 13.6 Chemische Elemente | 119 |
| 13.7 Lösungen | 121 |
| 13.8 Gitterstruktur fester Stoffe | 123 |
| **Stichwortverzeichnis** | **124** |

# Vorwort

**Liebe Schülerin, lieber Schüler!**
Dieser handliche POCKET TEACHER bringt dir viele Vorteile: Er informiert knapp und genau. Regeln, Erklärungen, Beispiele, Tabellen – alles ist übersichtlich geordnet und leicht verständlich.

Du kannst die gewünschten Infos am schnellsten über das Stichwortverzeichnis am Ende jedes Bandes finden.
Stichwort vergessen? Dann schaue am besten ins Inhaltsverzeichnis und suche im entsprechenden Kapitel nach dem Wort!
Im Text deines POCKET TEACHER findest du viele farbige Pfeile. Diese verweisen auf andere Stellen im Buch.
Der Formelknacker Physik/Chemie enthält die wichtigsten physikalischen und chemischen Größen mit ihren Einheiten, Formeln, Gesetzen und Tabellen, die zum Stoff der Sekundarstufe I gehören. Damit das Ganze nicht so trocken aussieht, sind viele Formeln und Gesetze durch erklärende Abbildungen illustriert und durch passende Beispiele ergänzt. Auf diese Weise weißt du gleich, wofür die Formel steht und was du mit ihr anfangen kannst.

Der Formelknacker Physik/Chemie ist vor allem für diejenigen gedacht, die eine Formel nicht nur auswendig lernen, sondern auch verstehen wollen. Ausgespart sind ausführliche Übungen mit Lösungen. Das würde den Rahmen des Bändchens sprengen und es würde dann möglicherweise nicht mehr in die Hosentasche passen.

**Lerncheck** Am Ende jedes Kapitels werden die wichtigsten Inhalte in einer Checkliste abgefragt. So kannst du dein Wissen schnell testen. Entdeckst du noch Lücken, dann gibt es hier Hinweise, welche Seiten du noch einmal genau lesen solltest.

Natürlich kann die Pocket-Teacher-Reihe ausführliche Schulbücher mit Übungen und Beispielen nicht ersetzen. Das soll sie auch nicht. Sie ist deine kleine Lernhilfebibliothek für alle Gelegenheiten, besonders für Hausaufgaben oder für die Vorbereitung auf Klassenarbeiten. Und zudem ist der Pocket Teacher bestens zur Vorbereitung auf Abschlussprüfungen geeignet.

# Größen und Einheiten

Das Internationale Einheitensystem (Système International d'Unités, abgekürzt *SI*) legt für alle physikalischen und chemischen Größen verbindliche Einheiten fest.

## 1.1 Basiseinheiten, abgeleitete Einheiten

Für bestimmte Größen sind Basiseinheiten definiert:
Das *Meter* (m) ist die Einheit der Länge $l$.
Das *Kilogramm* (kg) ist die Einheit der Masse $m$.
Die *Sekunde* (s) ist die Einheit der Zeit $t$.
Das *Ampere* (A) ist die Einheit der elektrischen Stromstärke $I$.
Das *Kelvin* (K) ist die Einheit der Temperatur $T$.
Das *Mol* (mol) ist die Einheit der Stoffmenge $n$.
Die *Candela* (cd) ist die Einheit der Lichtstärke $I_v$.

**BEISPIEL** Das Kilogramm ist die Einheit der Masse; es ist gleich der Masse **des Internationalen Kilogrammprototyps**.

Der offizielle Wortlaut der anderen Definitionen ist sehr schwer zu verstehen.

Die Einheiten aller anderen Größen sind davon *abgeleitete Einheiten*.

**BEISPIEL** Die Einheit der Kraft (1 Newton) ist abgeleitet aus den Basiseinheiten Meter, Kilogramm und Sekunde:

$$1 \text{ Newton} = \frac{1 \text{ Kilogramm} \cdot \text{Meter}}{\text{Sekunde}^2}$$

## 1.2 Ausgewählte Größen und Einheiten

| Mechanik | | | |
|---|---|---|---|
| Größe | Einheit | weitere Einheiten | Beziehungen |
| **Länge *l*** **Weg *s*** | **1 Meter** **(1 m)** | 1 Seemeile (1 sm) 1 inch (1 in) | 1 sm = 1852 m 1 in = 25,4 mm |
| Fläche *A* (Querschnitt) | 1 Quadratmeter (1 m$^2$) | 1 Ar (1 a) 1 Hektar (1 ha) | 1 a = 100 m$^2$ 1 ha = 100 a = 10 000 m$^2$ |
| Volumen *V* | 1 Kubikmeter (1 m$^3$) | 1 Liter (1 l) | 1 l = dm$^3$ = 0,001 m$^3$ |
| **Zeit *t*** | **1 Sekunde** **(1 s)** | 1 Minute (1 min) 1 Stunde (1 h) 1 Tag (1 d) 1 Jahr (1 a) | 1 min = 60 s 1 h = 60 min 1 d = 24 h 1 a = 365,25 d |
| Geschwindigkeit *v* | $1 \frac{\text{Meter}}{\text{Sekunde}}$ (1 m/s) | 1 Knoten (1 kn) $= 1 \frac{\text{Seemeile}}{\text{Stunde}} = 1 \frac{\text{sm}}{\text{h}}$ | $1 \text{ kn} = 1{,}852 \frac{\text{km}}{\text{h}}$ |
| Beschleunigung *a* | $1 \frac{\text{Meter}}{\text{Sekunde}^2}$ (1 m/s$^2$) | | |
| **Masse *m*** | **1 Kilogramm** **(1 kg)** | 1 Tonne (1 t) 1 Zentner (1 Ztr.) | 1 t = 1000 kg 1 Ztr. = 50 kg |
| Dichte $\varrho$ | $1 \frac{\text{Kilogramm}}{\text{Kubikmeter}}$ (1 kg/m$^3$) | $1 \frac{\text{Gramm}}{\text{Kubikzentimeter}}$ (1 g/cm$^3$) | $1 \frac{\text{g}}{\text{cm}^3} = 1000 \frac{\text{kg}}{\text{m}^3}$ |
| Kraft *F* | 1 Newton (1 N) | | |
| Drehmoment *M* | 1 Newtonmeter (1 Nm) | | |
| Druck *p* | 1 Pascal (1 Pa) | 1 Bar (1 bar) | 1 bar = 10$^5$ Pa |
| Arbeit *W* Energie *E* | 1 Joule (1 J) | 1 Wattsekunde (1 Ws) | 1 Ws = 1 J |

## Mechanik

| Größe | Einheit | weitere Einheiten | Beziehungen |
|---|---|---|---|
| Leistung $P$ | 1 Watt (1 W) | 1 Pferdestärke (1 PS) | 1 PS = 735 W |

## Wärmelehre

| Größe | Einheit | weitere Einheiten | Beziehungen |
|---|---|---|---|
| Temperatur $T(\vartheta)$ | **1 Kelvin (1 K)** | 1 Grad Celsius (1 °C) | 0 °C = 273,15 K |
| Wärmemenge $Q$ | 1 Joule (1 J) | 1 Kalorie (1 cal) | 1 cal = 4,18 J |
| spezifische Wärmekapazität $c$ | $1 \frac{\text{Joule}}{\text{Kilogramm} \cdot \text{Kelvin}}$ (1 J/kg · K) | | |

## Elektrizität

| Größe | Einheit | weitere Einheiten | Beziehungen |
|---|---|---|---|
| **elektrische Sromstärke $I$** | **1 Ampere (1 A)** | | |
| elektrische Ladung $Q$ | 1 Coulomb (1 C) | 1 Amperesekunde (1 As) | 1 As = 1 C |
| elektrische Spannung $U$ | 1 Volt (1 V) | | |
| elektrischer Widerstand $R$ | 1 Ohm (1 Ω) | | |
| spezifischer Widerstand $\varrho$ | 1 Ohm · Meter (1 Ωm) | $1 \frac{\text{Ohm} \cdot \text{Millimeter}^2}{\text{Meter}}$ $\left(1 \frac{\Omega \cdot \text{mm}^2}{\text{m}}\right)$ | $1 \frac{\Omega \cdot \text{mm}^2}{\text{m}} =$ $1 \cdot 10^{-6} \Omega\text{m}$ |

Für die auf S. 10–11 stehenden Tabellen gilt: Die **fett gedruckten** Größen und Einheiten sind Basisgrößen bzw. Basiseinheiten.

## Akustik

| Größe | Einheit | weitere Einheiten | Beziehungen |
|---|---|---|---|
| Frequenz $f$ | 1 Hertz (1 Hz) | | |
| Wellenlänge $\lambda$ | 1 Meter (1 m) | | |
| Schallgeschwindigkeit $c$ | $1\,\dfrac{\text{Meter}}{\text{Sekunde}}$ (1 m/s) | | |
| Lautstärke $L$ | 1 Dezibel (1 dB) | | |

## Optik

| Größe | Einheit | weitere Einheiten | Beziehungen |
|---|---|---|---|
| Brennweite $f$ | 1 Meter (1 m) | | |
| Brechkraft $D$ | 1 Dioptrie (1 dpt) | | |

## Radioaktivität

| Größe | Einheit | weitere Einheiten | Beziehungen |
|---|---|---|---|
| Aktivität $A$ | 1 Becquerel (1 Bq) | 1 Curie (1 Ci) | 1 Ci = $3{,}7 \cdot 10^{10}$ Bq |
| Energiedosis $D$ | 1 Gray (1 Gy) | 1 Rad (1 rd) | 1 rd = 0,01 Gy |
| Äquivalentdosis $H$ | 1 Sievert (1 Sv) | 1 Rem (1 rem) | 1 rem = 0,01 Sv |
| Ionendosis | $1\,\dfrac{\text{Coulomb}}{\text{Kilogramm}}$ (1 C/kg) | 1 Röntgen (1 R) | 1 R = $2{,}58 \cdot 10^{-4}$ C/kg |
| Energiedosisleistung | $1\,\dfrac{\text{Gray}}{\text{Sekunde}}$ (1 Gy/s) | $1\,\dfrac{\text{Rad}}{\text{Sekunde}}$ (1 rd/s) | 1 rd/s = 0,01 Gy/s |
| Äquivalentdosisleistung | $1\,\dfrac{\text{Sievert}}{\text{Sekunde}}$ (1 Sv/s) | $1\,\dfrac{\text{Rem}}{\text{Sekunde}}$ (1 rem/s) | 1 rem/s = 0,01 Sv/s |

## Chemie

| Größe | Einheit |
|---|---|
| **Stoffmenge** $n$ | **1 Mol (1 mol)** |
| Teilchenzahl $N$ | 1 |
| molare Masse $M$ | $1 \frac{\text{Gramm}}{\text{Mol}}$ (1 g/mol) |
| molares Volumen $V_m$ | $1 \frac{\text{Liter}}{\text{Mol}}$ (1 l/mol) |
| Stoffmengenkonzentration $c$ | $1 \frac{\text{Mol}}{\text{Liter}}$ (1 mol/l) |
| Massenkonzentration $\beta$ | $1 \frac{\text{Gramm}}{\text{Liter}}$ (1 g/l) |
| Volumenkonzentration $\sigma$ | $1 \frac{\text{Liter}}{\text{Liter}}$ (1 l/l = l) |
| Massenanteil $\omega$ | $100 \frac{\text{Gramm gelöst}}{\text{Gramm Lösung}}$ (%) |
| Volumenanteil $\varphi$ | $100 \frac{\text{Liter gelöst}}{\text{Liter Lösung}}$ (%) |

Für die auf S. 12–13 stehenden Tabellen gilt: Die **fett gedruckten** Größen und Einheiten sind Basisgrößen bzw. Basiseinheiten.

## 1.3 Zehnerpotenzen

| Potenz | Name | Zeichen |
|---|---|---|
| $10^{24}$ | Yotta | Y |
| $10^{21}$ | Zetta | Z |
| $10^{18}$ | Exa | E |
| $10^{15}$ | Peta | P |
| $10^{12}$ | Tera | T |
| $10^{9}$ | Giga | G |
| $10^{6}$ | Mega | M |
| $10^{3}$ | Kilo | k |
| $10^{2}$ | Hekto | h |
| $10^{1}$ | Deka | da |
| $10^{-1}$ | Dezi | d |
| $10^{-2}$ | Zenti | c |
| $10^{-3}$ | Milli | m |
| $10^{-6}$ | Mikro | $\mu$ |
| $10^{-9}$ | Nano | n |
| $10^{-12}$ | Piko | p |
| $10^{-15}$ | Femto | f |
| $10^{-18}$ | Atto | a |
| $10^{-21}$ | Zepto | z |
| $10^{-24}$ | Yocto | y |

# Mechanik

## 2.1 Bewegungsgrößen

Die Ortsveränderung eines Körpers wird beschrieben durch seine *Geschwindigkeit v*.

$$v = \frac{\Delta s}{\Delta t}$$

$\Delta s$: zurückgelegte Strecke
$\Delta t$: beim Zurücklegen benötigte Zeit
Einheit: $[v] = 1$ m/s (bzw. 1 km/h)

**BEISPIEL** Legt ein Fahrzeug in $\Delta t = 20$ s ($\Delta$: sprich „delta") eine Strecke von $\Delta s = 50$ m zurück, so beträgt seine Geschwindigkeit

$$v = \frac{50\,\text{m}}{20\,\text{s}} = 2{,}5\,\frac{\text{m}}{\text{s}}.$$

Die zeitliche Veränderung der Geschwindigkeit eines Körpers wird beschrieben durch seine *Beschleunigung a*.

$$a = \frac{\Delta v}{\Delta t}$$

$\Delta v$: Geschwindigkeitsänderung
$\Delta t$: beim Beschleunigen benötigte Zeit
Einheit: $[a] = 1$ m/s$^2$

**BEISPIEL** Nimmt die Geschwindigkeit eines Fahrzeugs in $\Delta t = 5\,\text{s}$ von $v_1 = 10\,\text{m/s}$ nach $v_2 = 25\,\text{m/s}$ zu, so beträgt seine Beschleunigung während dieser Zeit:
$$a = \frac{15\,\text{m/s}}{5\,\text{s}} = 3\,\frac{\text{m}}{\text{s}^2}.$$

## 2.2 Bewegungsgesetze

*Gleichförmige Bewegung:* Legt ein Körper auf geradliniger Bahn in gleichen Zeitspannen gleiche Strecken zurück, führt er eine gleichförmige Bewegung aus.

> $s = v \cdot t$         Weg-Zeit-Gesetz
> $v = \text{konstant}$   Geschwindigkeits-Zeit-Gesetz

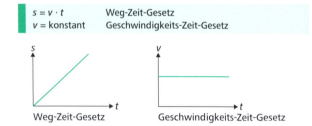

Weg-Zeit-Gesetz         Geschwindigkeits-Zeit-Gesetz

*Gleichmäßig beschleunigte Bewegung:* Nimmt die Geschwindigkeit eines Körpers in gleichen Zeitspannen um gleiche Beträge zu (oder ab), führt er eine gleichmäßig beschleunigte Bewegung aus.

> $s = \frac{1}{2} a \cdot t^2$     Weg-Zeit-Gesetz
> $v = a \cdot t$        Geschwindigkeits-Zeit-Gesetz

Weg-Zeit-Gesetz         Geschwindigkeits-Zeit-Gesetz

*Fallbewegung:* Der *freie Fall* ist eine Fallbewegung, bei der der fallende Körper keinerlei bewegungshemmende Einflüsse erfährt. Der freie Fall ist eine gleichmäßig beschleunigte Bewegung.

Beim freien Fall fallen alle Körper – unabhängig von ihrer Form und Masse – am *gleichen* Ort *gleich* schnell, d.h., sie erfahren dieselbe Beschleunigung.

$h = \frac{1}{2} g \cdot t^2$ **Weg-Zeit-Gesetz**

$v = g \cdot t$ **Geschwindigkeits-Zeit-Gesetz**

$h$: Fallhöhe
$v$: Fallgeschwindigkeit
$g$: Fallbeschleunigung
 (für Europa gilt $g \approx 9{,}81 \, \text{m/s}^2$)

## 2.3 Ursache von Bewegungen

*Trägheitssatz:* Ein Körper hat stets das Bestreben, seinen Bewegungszustand beizubehalten. Daher bewegt er sich so lange mit einer konstanten Geschwindigkeit auf einer geraden Bahn bzw. bleibt so lange in Ruhe, solange keine Kraft auf ihn einwirkt.

*Kraftgesetz:* Beim Einwirken einer Kraft $F$ auf einen (beweglichen) Körper wird dieser beschleunigt. Die Beschleunigung $a$ ist der beschleunigenden Kraft proportional.

$F = m \cdot a$

$m$: Masse des beschleunigten Körpers
$a$: Beschleunigung des Körpers
Einheit: $[F] = 1 \, \text{kg} \cdot 1 \, \text{m/s}^2 = 1 \, \text{N}$ (Newton)

**BEISPIEL** Wird ein Körper mit der Masse $m = 1\,\text{kg}$ durch eine Kraft $F = 1\,\text{N}$ beschleunigt, so nimmt seine Geschwindigkeit in jeder Sekunde um $1\,\text{m/s}$ zu.

*Wechselwirkungssatz:* Ein Körper, der eine Kraft auf einen anderen Körper ausübt, erfährt von diesem eine gleich große, aber entgegengesetzt gerichtete Kraft.

**BEISPIEL** Beim Armdrücken bringen beide Beteiligte gleich viel Kraft auf.

## 2.4 Verschiedene Kräfte

Die *Kraft* ist eine gerichtete Größe: Sie ist gekennzeichnet durch einen *Betrag* und eine *Richtung*.

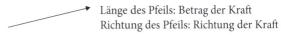

Länge des Pfeils: Betrag der Kraft
Richtung des Pfeils: Richtung der Kraft

Gewichtskraft (Schwerkraft): $\quad F_G = m \cdot g$
Federkraft (hookesches Gesetz): $\quad F_D = D \cdot \Delta s$
Reibungskraft: $\quad F_R = \mu \cdot F_N$

- $g$: Ortsfaktor (für Europa gilt $g \approx 9{,}81\,\text{N/kg}$ bzw. $9{,}81\,\text{m/s}^2$)
- $D$: Federkonstante (Federhärte)
- $\Delta s$: Dehnung der Feder
- $\mu$: Reibungszahl (↗ S. 112)
- $F_N$: Normalkraft (Kraft, mit der der Körper auf die „Unterlage" drückt)

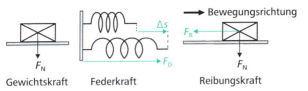

Gewichtskraft    Federkraft         Reibungskraft

**BEISPIEL** Um einen Holzklotz mit konstanter Geschwindigkeit über ein Holzbrett ziehen zu können, benötigt man eine Zugkraft $F_Z$, die nach dem Wechselwirkungssatz (↗ S. 18) den gleichen Betrag hat wie die Reibungskraft $F_R$. Liegt das Holzbrett waagerecht, so gilt $F_N = F_G$.

Für $m_{\text{Holzklotz}} = 2\,\text{kg}$ und $\mu_{\text{Gleit}} = 0{,}3$ ergibt sich:

$F_N = 2\,\text{kg} \cdot 9{,}81\,\text{m/s}^2 = 19{,}6\,\text{N}$
$F_Z = 0{,}3 \cdot 19{,}6\,\text{N} = 5{,}9\,\text{N}$

## Kräfteaddition

Zwei Kräfte greifen an einem Körper an:

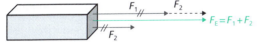

Wirken beide Kräfte in *dieselbe* Richtung, werden die Beträge beider Kräfte *addiert*. Die Richtung der Ersatzkraft $F_E$ entspricht der Richtung der beiden Einzelkräfte.

$F_E = F_1 + F_2$

Wirken beide Kräfte in *entgegengesetzte* Richtung, werden die Beträge beider Kräfte *subtrahiert*. Die Richtung der Ersatzkraft $F_E$ entspricht der Richtung der jeweils größeren Einzelkraft.

$F_E = F_1 - F_2$

Haben beide Einzelkräfte *denselben* Betrag und *entgegengesetzte* Richtung, heben sich ihre Wirkungen gegenseitig auf: Es besteht ein **Kräftegleichgewicht**.
Wirken beide Kräfte in vollkommen unterschiedliche Richtungen, so ergeben sich Betrag und Richtung der Ersatzkraft $F_E$ als *Diagonale* eines aus den Einzelkräften gezeichneten Parallelogramms.

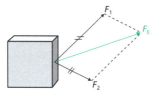

### Kräftezerlegung

Eine Kraft lässt sich in zwei Kräfte zerlegen, wenn deren Richtung vorgegeben ist.

**BEISPIEL** Der Wagen wird an der Deichsel gezogen. Die dafür benötigte Zugkraft $F_Z$ lässt sich in eine *nach vorwärts* gerichtete Kraft $F_1$ und in eine *nach oben* gerichtete Kraft $F_2$ zerlegen.

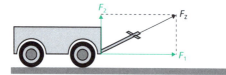

## 2.5 Einfache Maschinen

Einfache Maschinen sind technische Geräte, mit deren Hilfe schwere Gegenstände bei verringertem Kraftaufwand hochgehoben bzw. hochgezogen werden können.

## Schiefe Ebene

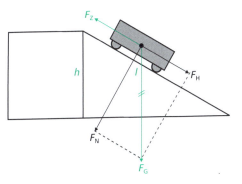

$F_Z = \frac{h}{l} \cdot F_G$   (Wegen $h < l$ ist $F_Z < F_G$)

$F_Z$: Zugkraft, die zum Hochziehen benötigt wird
$F_G$: Gewichtskraft des Wagens ($= m \cdot g$)
$F_H$: Hangabtriebskraft (Teilkraft von $F_G$)
$F_N$: Normalkraft (Teilkraft von $F_G$)
$l$: Länge der Schiefen Ebene
$h$: Hubhöhe
$F_Z = F_H$ (➚ Wechselwirkungssatz S. 18)

**BEISPIEL** Beim Hochziehen einer Last von $m = 200$ kg über ein Brett von $l = 3$ m auf eine Höhe von $h = 0,5$ m benötigt man (unter Vernachlässigung der Reibung)

$F_Z = \frac{0,5 \text{ m}}{3 \text{ m}} \cdot 200 \text{ kg} \cdot 9,81 \frac{\text{N}}{\text{kg}} = 327$ N.

## Flaschenzug

Durch feste Rollen wird *nur* die Richtung der Zugkraft verändert, *nicht* der Betrag. Durch lose Rollen wird der Betrag der Zugkraft verringert.

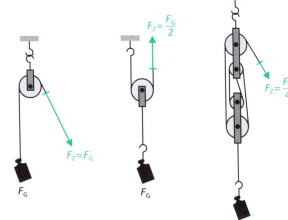

$$F_Z = \frac{1}{2n} \cdot F_G$$

$F_Z$: Zugkraft, die zum Hochziehen benötigt wird
$F_G$: Gewichtskraft des Massestücks ($= m \cdot g$)
$n$: Anzahl der losen Rollen im Flaschenzug

**BEISPIEL**  Beim Anheben einer Last von $m = 200$ kg über einen Flaschenzug mit $n = 2$ losen Rollen benötigt man

$$F_Z = \frac{1}{2 \cdot 2} \cdot 200 \text{ kg} \cdot 9{,}81 \, \frac{\text{N}}{\text{kg}} = 491 \text{ N}.$$

Beim direkten Hochziehen über eine feste Rolle wären

$$F_Z = 200 \text{ kg} \cdot 9{,}81 \, \frac{\text{N}}{\text{kg}} = 1962 \text{ N nötig gewesen}.$$

## Wellrad, Kurbelwelle und Hebel

Wellrad, Kurbelwelle und Hebel wirken nach demselben Prinzip:

# Einfache Maschinen

Wellrad

Kurbelwelle

Hebel

Wellräder und Kurbelwellen werden z. B. zum Hochziehen von Lasten aus Schächten (Bergwerk, Brunnen) verwendet.

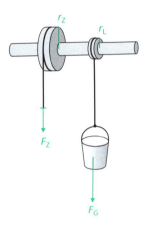
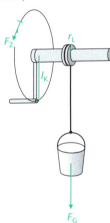

> Wellrad: $\quad F_Z = \dfrac{r_L}{r_Z} \cdot F_G$
>
> Kurbelwelle: $F_Z = \dfrac{r_L}{l_K} \cdot F_G$

$F_Z$: Zugkraft, die zum Hochziehen benötigt wird
$F_G$: Gewichtskraft der Last ($= m \cdot g$)
$r_L$: Radius des Lastrads
$r_Z$: Radius des Zugrads
$l_K$: Länge der Kurbelstange

Mit einem Hebel kann man schwere Lasten heben, z.B. Kisten oder Schränke.

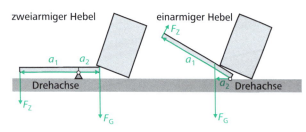

$$F_Z = \frac{a_2}{a_1} \cdot F_G$$

$a_1$: Kraftarm
$a_2$: Lastarm

Allgemeines *Hebelgesetz*:

$$F_1 \cdot a_1 = \cdot F_2 \cdot a_2$$

Das Produkt aus einer Kraft $F$ und dem dazugehörenden Kraftarm $a$ bezeichnet man als *Drehmoment* $M$:

$$M = F \cdot a$$

**BEACHTE** Kraft und Kraftarm sind *gerichtete* Größen und stehen beim Hebel aufeinander *senkrecht*. Das Drehmoment ist ebenfalls eine gerichtete Größe.

## 2.6 Arbeit

Wird ein Körper unter Kraftaufwand in *Richtung* der Kraft bewegt, so wird mechanische *Arbeit* verrichtet.

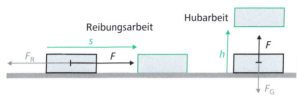

Reibungsarbeit: $W_R = F_R \cdot s$ ($F = F_R$ Wechselwirkungssatz)
Hubarbeit: $W_H = F_G \cdot h$ ($F = F_G$ Wechselwirkungssatz)

$F_R$: Reibungskraft
$F_G$: Gewichtskraft ($= m \cdot g$)
$s$: zurückgelegte Strecke
$h$: Hubhöhe

Arbeit allgemein:

$W = F \cdot s$  „Arbeit = Kraft mal Weg"

Einheit: $[W] = 1\,\text{N} \cdot \text{m} = 1\,\text{J}$ (Joule)

**BEISPIEL** Wird ein Klotz von $m = 100$ kg um $h = 3$ m hochgehoben, so beträgt die Hubarbeit
$W_H = m \cdot g \cdot h = 100\,\text{kg} \cdot 9{,}81\,\text{N/kg} \cdot 3\,\text{m} = 2943\,\text{J}$.

**BEACHTE** Das Produkt „Kraft mal Weg = Arbeit" darf nicht verwechselt werden mit „Kraft mal Kraftarm = Drehmoment". Bei der Arbeit haben Kraft und Weg die *gleiche* Richtung, beim Drehmoment stehen Kraft und Weg *senkrecht* aufeinander.

## 2.7 Energie

Ein zuvor hochgehobener Körper kann beim Zurückfallen selbst Arbeit verrichten.

Das nach dem Hochheben im Körper gespeicherte Arbeitsvermögen bezeichnet man als *Lage-* bzw. *potenzielle Energie*:

$$E_{pot} = F_G \cdot h$$

$F_G$: Gewichtskraft ($= m \cdot g$)
$h$: Hubhöhe

Ein zuvor beschleunigter Körper kann ebenfalls Arbeit verrichten.

Das nach dem Beschleunigen im Körper gespeicherte Arbeitsvermögen bezeichnet man als *Bewegungsenergie* bzw. *kinetische Energie*:

$$E_{kin} = \tfrac{1}{2} m \cdot v^2$$

$m$: Masse des sich bewegenden Körpers
$v$: Geschwindigkeit des sich bewegenden Körpers

## 2.8 Energieerhaltung

Energie kann weder „aus dem Nichts" gewonnen noch vernichtet werden.

**BEISPIEL**

- Befindet sich die Kugel am oberen Ende der schiefen Ebene und ist dabei in Ruhe, besitzt sie ihre gesamte Energie in Form von potenzieller Energie.
- Nach dem Loslassen nimmt ihre potenzielle Energie ständig ab, ihre kinetische Energie ständig zu.
- Erreicht die Kugel das untere Ende der schiefen Ebene, ist die gesamte potenzielle in kinetische Energie überführt worden.

*Energieerhaltungssatz:*
Die Summe aus potenzieller und kinetischer Energie ist zu *jedem Zeitpunkt* konstant.

$$E_{pot} + E_{kin} = \text{konstant}$$

## 2.9 Leistung

Die Zeitspanne, in der eine Arbeit verrichtet wird, gibt Auskunft über die vollbrachte Leistung:

$$P = \frac{W}{t}$$

Einheit: $[P] = 1\,\frac{J}{s} = 1\text{ W (Watt)}$

**BEACHTE** Das Zeichen „*W*" ist die Abkürzung für die physikalische Größe „Arbeit", das Zeichen „W" ist die Abkürzung für die physikalische Einheit „Watt".

## 2.10 Druck

### Stempeldruck
Beim Zusammenpressen von Flüssigkeiten und Gasen entsteht in ihnen ein *Druck p*, den sie an die Wandungen des umgebenden Gefäßes weitergeben.

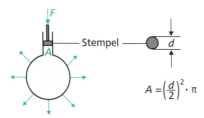

$$p = \frac{F}{A}$$

*F*: drückende Kraft
*A*: Querschnittsfläche des Stempels

Einheit: $[p] = 1 \text{ N/m}^2 = 1 \text{ Pa}$ (Pascal)
weitere zulässige Einheit: 1 bar = 100 000 Pa

Der in der Flüssigkeit bzw. im Gas herrschende Druck wirkt sich nach *allen* Seiten aus und ist überall im Gefäß *gleich*.

**BEISPIEL** Ein zylindrischer Stempel mit einem Querschnitt (Durchmesser) von $d = 5$ cm drückt mit einer Kraft $F = 100$ N in einen mit Flüssigkeit gefüllten Kolben.
Die Querschnittsfläche beträgt: $A = 19{,}6 \text{ cm}^2$.

Der in der Flüssigkeit herrschende Druck beträgt dann

$p = \frac{10\,\text{N}}{19{,}6 \cdot 10^{-4}\,\text{m}^2} \approx 5\,100\,\text{Pa} = 0{,}051\,\text{bar}.$

### Gesetz von Boyle-Mariotte

Gase lassen sich im Unterschied zu Flüssigkeiten leicht zusammendrücken. Dabei verringert sich ihr Volumen $V$, während ihr Druck $p$ ansteigt.

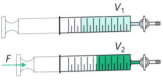

Für ideale Gase (↗ S. 96) gilt bei konstanter Temperatur:

$$p_1 \cdot V_1 = p_2 \cdot V_2$$

**BEISPIEL** Wird das Gas auf die *Hälfte* seines Volumens zusammengedrückt, steigt sein Druck auf das *Doppelte*.

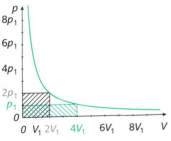

Die Produkte $p_1 \cdot 4V_1 = 2p_1 \cdot 2V_1 = \ldots$ zeigen sich als gleich große Flächen unter dem Graphen.

$p \cdot V =$ konstant     *Gesetz von Boyle-Mariotte*

## Hydraulische Maschinen

Hydraulische Maschinen gehören zu den einfachen Maschinen (↗ S. 20), da man mit ihnen schwere Lasten heben kann.

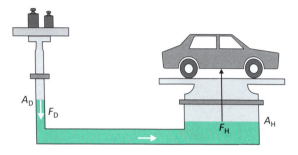

$$p = \frac{F_D}{A_D} = \frac{F_H}{A_H} \qquad F_D = \frac{A_D}{A_H} \cdot F_H$$

$F_D$: drückende Kraft
$F_H$: Hubkraft
$A_D$: drückende Fläche
$A_H$: Hubfläche

Der Weg $s$, den der Arbeitskolben beim Hochdrücken zurücklegt, ist größer als die Hubhöhe $h$:

$$\frac{s}{h} = \frac{A_H}{A_D}$$

**BEISPIEL** Um ein Auto der Masse $m = 1000$ kg hochzuheben, benötigt man eine Hubkraft von

$F_H = m \cdot g = 1000$ kg $\cdot$ 9,81 N/kg $= 9810$ N.

Ist das Verhältnis $A_D : A_H = 1 : 10$, so benötigt man zum Hochheben eine Kraft von $F_D = 981$ N.

## Schweredruck (hydrostatischer Druck)

In einem mit Flüssigkeit gefüllten Behälter nimmt der Druck innerhalb der Flüssigkeit mit zunehmender Tiefe zu.

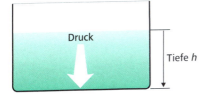

Dieser durch die Schwere der Flüssigkeitsschicht oberhalb der jeweiligen Tiefe hervorgerufene Druck heißt *Schweredruck* bzw. *hydrostatischer Druck*:

$$p = \varrho_{Fl} \cdot g \cdot h$$

$\varrho_{Fl}$: Dichte der Flüssigkeit (  S. 111)
$g$: Ortsfaktor ($\approx 9{,}81$ N/kg)
$h$: Tiefe unterhalb der Oberfläche

Der hydrostatische Druck hängt nur von der Höhe der Flüssigkeitsschicht ab und nicht von der Masse dieser Schicht.

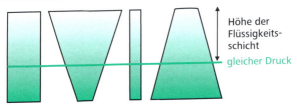

**BEISPIEL** In einer Wassertiefe von $h = 10$ m beträgt der hydrostatische Druck

$p = 1000$ kg/m$^3 \cdot 9{,}81$ N/kg $\cdot 10$ m $= 98100$ Pa $\approx 1$ bar.

Der hydrostatische Druck nimmt alle 10 m um ca. 1 bar zu.

## Schwimmen, Schweben, Sinken

Wird ein Körper in eine Flüssigkeit eingetaucht, wird er scheinbar leichter: Er erfährt einen *Auftrieb* $F_A$:

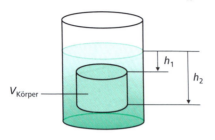

$F_A = \varrho_{Fl} \cdot g \cdot V_{Körper}$

$\varrho_{Fl}$: Dichte der Flüssigkeit (↗ S. 111)
$g$: Ortsfaktor ($\approx 9{,}81$ N/kg)
$V_{Körper}$: Volumen des eingetauchten Körpers
= Volumen der verdrängten Flüssigkeit

Ob ein Körper in einer Flüssigkeit schwimmt bzw. nach oben steigt, in der Flüssigkeit schwebt oder nach unten sinkt, hängt von der Gewichtskraft $F_G$ ab, die auf den Körper wirkt, bzw. von der Dichte $\varrho_K$ des Stoffes, aus dem der Körper besteht:

$F_G < F_A$ bzw. $\varrho_K < \varrho_{Fl}$      Körper schwimmt bzw. steigt nach oben
$F_G = F_A$ bzw. $\varrho_K = \varrho_{Fl}$      Körper schwebt
$F_G > F_A$ bzw. $\varrho_K > \varrho_{Fl}$      Körper sinkt nach unten

## Lerncheck

| Kapitel „Mechanik" | O.K. ✔ | Das muss ich noch mal lesen |
|---|---|---|
| Ich kann die Gesetze für gleichförmige und beschleunigte Bewegung anwenden. | | S. 16 |
| Ich kann die drei Bewegungsgesetze formulieren. | | S. 16, 17 |
| Ich kann Kräfteadditionen und Kräftezerlegungen grafisch darstellen. | | S. 19, 20 |
| Ich kann Beispiele von einfachen Maschinen benennen und mithilfe der vorgegebenen Formeln berechnen. | | S. 20–23 |
| Ich kann das Hebelgesetz formulieren. | | S. 24 |
| Ich kann die mechanische Arbeit definieren. | | S. 25 |
| Ich kann die zwei Arten mechanischer Energie benennen und den Energieerhaltungssatz formulieren. | | S. 26 |
| Ich kann den Begriff „Leistung" definieren. | | S. 27 |
| Ich kann den „Druck" definieren. | | S. 28 |
| Ich kann das Gesetz von Boyle-Mariotte formulieren. | | S. 29 |
| Ich kann das Prinzip einer hydraulischen Maschine erklären. | | S. 30 |
| Ich kann den Schweredruck in einer Flüssigkeit erklären. | | S. 31 |
| Ich kann die Bedingungen für das Schwimmen, Schweben oder Sinken eines Körpers in einer Flüssigkeit benennen. | | S. 32 |

# 3 Wärmelehre

## Temperatur

Die *Temperatur* wird durch zwei verschiedene Symbole mit zwei verschiedenen Einheiten ausgedrückt:
- Celsiustemperatur $[\vartheta] = 1\ °C$ (Grad Celsius),
- absolute Temperatur $[T] = 1\ K$ (Kelvin).

Beide Einheiten haben dieselbe Skala, jedoch einen anderen Nullpunkt.

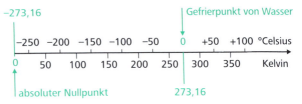

Temperaturunterschiede ($\Delta\vartheta$ bzw. $\Delta T$) werden immer in der Einheit Kelvin angegeben.

## Thermische Ausdehnung von Festkörpern und Flüssigkeiten

Wird ein Körper erwärmt, nimmt sein Volumen zu, wird er abgekühlt, nimmt sein Volumen ab.

### Längenänderung von Festkörpern

$$\Delta l = \alpha \cdot l_0 \cdot \Delta\vartheta$$

$l_0$: ursprüngliche Länge
$\alpha$: Längenausdehnungskoeffizient (↗ S. 112)
$\Delta l$: Längenänderung
$\Delta\vartheta$: Temperaturänderung

### Volumenänderung von Festkörpern und Flüssigkeiten

$$\Delta V = \gamma \cdot V_0 \cdot \Delta\vartheta$$

$V_0$: ursprüngliches Volumen
$\Delta V$: Volumenänderung
$\gamma$: Volumenausdehnungskoeffizient (↗ S. 113)
$\Delta\vartheta$: Temperaturänderung

Für Festkörper gilt näherungsweise: $\gamma = 3\alpha$.

**BEISPIEL** Werden 5 Liter Wasser von $\vartheta_1 = 20\ °C$ auf $\vartheta_2 = 80\ °C$ erwärmt, ergibt sich folgende Volumenzunahme:
$\Delta V = 0{,}00021\ \frac{1}{K} \cdot 5\ l \cdot (80\ °C - 20\ °C) = 0{,}063\ l = 63\ ml$.

## Thermische Änderung von Gasen

Auch Gase dehnen sich bei Temperaturerhöhung aus: Ihr Volumen nimmt zu. Kann jedoch das Volumen nicht zunehmen, erhöht sich stattdessen der Druck.

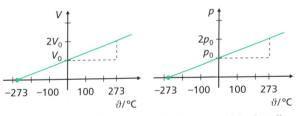

Die Zunahme des Volumens bzw. des Drucks ist dabei bei allen (idealen) Gasen gleich groß.

> $\Delta V = \gamma \cdot V_0 \cdot \Delta \vartheta$     bei $p$ = konstant
> $\Delta p = \gamma \cdot p_0 \cdot \Delta \vartheta$     bei $V$ = konstant

$\gamma = \dfrac{1}{273} \cdot \dfrac{1}{\text{K}}$      $V_0, p_0$: Volumen bzw. Druck bei $\vartheta = 0\,°\text{C}$

## Gasgesetze

Zusammenhang zwischen Volumen $V$, Druck $p$ und absoluter Temperatur $T$ einer Gasportion:

> $\dfrac{p_1 \cdot V_1}{T_1} = \dfrac{p_2 \cdot V_2}{T_2} = \text{konstant}$     ***allgemeines Gasgesetz***

Für $T_1 = T_2$ = konstant gilt:

> $p_1 \cdot V_1 = p_2 \cdot V_2$     ***Gesetz von Boyle-Mariotte***

Für $p_1 = p_2$ = konstant gilt:

> $\dfrac{V_1}{T_1} = \dfrac{V_2}{T_2}$     ***Gesetz von Gay-Lussac***

Für $V_1 = V_2$ = konstant gilt:

> $\dfrac{p_1}{T_1} = \dfrac{p_2}{T_2}$     ***Gesetz von Amontons***

## Innere Energie von Körpern

Ändert sich die Temperatur eines Körpers, so ändert sich seine *innere Energie U*: Bei Temperatur*erhöhung* nimmt die innere Energie zu, bei Temperatur*erniedrigung* nimmt die innere Energie *ab*. Die innere Energie, und somit die Temperatur, kann durch Zuführung mechanischer Arbeit und/oder Wärme erhöht werden.

> $\Delta U = W + Q$   **1. Hauptsatz der Wärmelehre**

$\Delta U$: Änderung der inneren Energie
$W$: zugeführte mechanische Arbeit
$Q$: zugeführte Wärme

**BEISPIEL** Ein Eisenklotz wird angebohrt bzw. mit einer Flamme erhitzt. In beiden Fällen erhöht sich die Temperatur des Klotzes, seine innere Energie nimmt zu.

## Übertragung von Wärme

Nimmt ein Körper Wärme auf oder gibt er Wärme ab, ändert sich seine Temperatur:

> $Q = c \cdot m \cdot \Delta T$

$Q$: aufgenommene bzw. abgegebene Wärme
$c$: spezifische Wärmekapazität des Stoffes, aus dem der Körper besteht (↗ S. 113)
$m$: Masse des Körpers
$\Delta T$: Temperaturänderung

## Mischungstemperatur

Gießt man zwei Flüssigkeiten unterschiedlicher Temperatur zusammen, hat die Mischung eine Temperatur, die dazwischenliegt.

$$T_M = \frac{c_1 \cdot m_1 \cdot T_1 + c_2 \cdot m_2 \cdot T_2}{c_1 \cdot m_1 + c_2 \cdot m_2}$$

$T_M$: Temperatur der Mischung
$c_1, c_2$: spezifische Wärmekapazitäten der Ausgangsstoffe
$m_1, m_2$: Massen der Ausgangsstoffe
$T_1, T_2$: Temperaturen der Ausgangsstoffe

# Lerncheck

| Kapitel „Wärmelehre" | O.K. ✓ | Das muss ich noch mal lesen |
|---|---|---|
| Ich kann den Zusammenhang zwischen der Celsiusskala und der Kelvinskala erklären. | | S. 34 |
| Ich kann bei Temperaturänderung die thermischen Ausdehnungen von Festkörpern, Flüssigkeiten und Gasen berechnen. | | S. 34, 35 |
| Ich kann die Gasgesetze benennen und anwenden. | | S. 36 |
| Ich kann den 1. Hauptsatz der Wärmelehre formulieren und anhand von Beispielen erklären. | | S. 37 |
| Ich kann die Temperaturänderung von Körpern bei Zufuhr und Entzug von Wärme berechnen. | | S. 37 |
| Ich kann die Mischungstemperatur beim Zusammenführen von zwei Stoffen mit unterschiedlichen Ausgangstemperaturen berechnen. | | S. 38 |

# 4 Akustik

## 4.1 Kennzeichen einer Schwingung

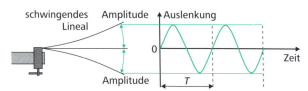

Die Zeit, die während einer einzelnen Schwingung verstreicht, ist die *Schwingungsdauer T*.

$$T = \frac{t}{n}$$

n: Anzahl der Schwingungen
t: Zeit

Die maximale Auslenkung einer Schwingung ist die *Amplitude*.

## 4.2 Tonhöhe

Verschieden hohe Töne unterscheiden sich durch ihre *Frequenz*: Je höher der Ton, desto höher die Frequenz.

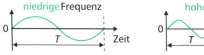 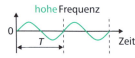

Die Frequenz $f$ beschreibt die Anzahl vollständiger Schwingungen in einer bestimmten Zeit.

$$f = \frac{n}{t}$$

Daraus folgt:

$$T = \frac{1}{f} \text{ bzw. } f = \frac{1}{T}$$

Einheit der Frequenz: $[f] = \frac{1}{s} = 1$ Hz (Hertz)

Der Hörbereich eines Menschen liegt zwischen ca. 20 Hz und 20 000 Hz. Schallereignisse, die außerhalb dieses Bereichs liegen, werden vom Ohr nicht wahrgenommen.
Der Hörbereich anderer Lebewesen ist demgegenüber deutlich verschieden:

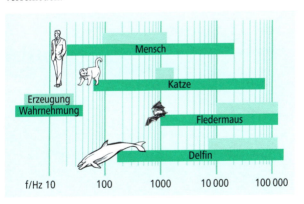

**BEISPIEL** Während der Hörbereich eine Katze zwischen 60 Hz und 70 000 Hz sehr groß ist, wirkt der Tonumfang des von ihr erzeugten „Miau-Miau" zwischen ca. 750 Hz und 1600 Hz eher bescheiden.

## 4.3 Lautstärke

Bei einer akustischen Schwingung ändert sich zeitlich periodisch der *Schalldruck p*. Je größer dessen *Amplitude*, desto *lauter* wird der betreffende Ton empfunden:

leiser Ton — der gleiche Ton, lauter

Die *Hörschwelle* eines Menschen liegt bei einem Schalldruck von $p_0 = 0{,}00002$ Pa. Darunter versteht man eine Druckschwankung, die mit dem Ohr gerade noch wahrgenommen werden kann. Zwischen dem Schalldruck und dem Hörempfinden besteht kein linearer Zusammenhang. Ein Ton mit doppelter Amplitude wird also nicht doppelt so laut empfunden.

Der *Schalldruckpegel* $L_p$ stellt einen Zusammenhang zwischen Schalldruck und menschlichem Hörempfinden dar:

$$L_p = 20 \cdot \log \frac{p}{p_0} \qquad [L_p] = 1 \text{ dB (Dezibel)}$$

| Schalldruck $p$/Pa | Schalldruckpegel $L_p$/dB | Beispiel |
|---|---|---|
| 0,00002 | 0 | Hörschwelle |
| 0,0002 | 20 | Ticken einer Uhr |
| 0,002 | 40 | leises Sprechen |
| 0,02 | 60 | Staubsauger |
| 0,2 | 80 | Straßenverkehr |
| 2 | 100 | Presslufthammer |
| 20 | 120 | Donner |
| 200 | 140 | Schmerzschwelle |

**BEISPIEL** Die Geräusche des Straßenverkehrs werden *doppelt* so laut empfunden wie leises Sprechen; der Schalldruck ist dabei jedoch *hundert* Mal so groß.

## 4.4 Schallausbreitung

Die Ausbreitung des von einer Schallquelle ausgehenden Schalls erfolgt in Form einer *Schallwelle* – als eine *räumlich* periodische Änderung des Schalldrucks $p$.

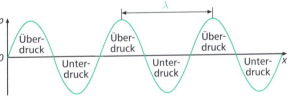

$p$: Schalldruck
$x$: Ausbreitungsrichtung der Schallwelle

Der räumliche Abstand zwischen zwei gleichen Zuständen einer Welle ist die *Wellenlänge* $\lambda$ (griech. lambda).

Die *Schallgeschwindigkeit* $c$ beschreibt die zeitliche Fortbewegung eines bestimmten Wellenzustandes.

$$c = \frac{\lambda}{T} = \lambda \cdot f$$

$\lambda$: Wellenlänge
$T$: Schwingungsdauer des Schallsignals
$f$: Frequenz des Schallsignals

Der Betrag der Schallgeschwindigkeit hängt ab vom jeweiligen Medium, durch das sich der Schall ausbreitet (↗ S. 112).

Bei einer Schallquelle, die sich mit einer Geschwindigkeit $v$ bewegt, registriert der Schallempfänger zwischen dem Näherkommen und dem Entfernen der Schallquelle einen *Frequenzsprung*, d.h. eine plötzliche *Abnahme der Tonhöhe*. Diese Erscheinung ist der sogenannte ***Dopplereffekt***.

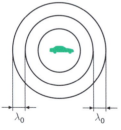
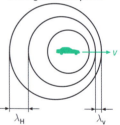

$v$: Geschwindigkeit der Schallquelle
$\lambda_0$: Wellenlänge des Schallsignals
$\lambda_V$: Wellenlänge des registrierten Signals beim Annähern der Schallquelle
$\lambda_H$: Wellenlänge des registrierten Signals beim Entfernen der Schallquelle

Die beim *Näherkommen* der Schallquelle empfangene Wellenlänge $\lambda_V$ ist kleiner als die ausgesandte Wellenlänge $\lambda_0$, die beim *Entfernen* der Schallquelle empfangene Wellenlänge $\lambda_H$ ist größer als die ausgesandte Wellenlänge $\lambda_0$:

$$\lambda_V = \frac{c-v}{f_0} \quad \text{und} \quad \lambda_H = \frac{c+v}{f_0}$$

$c$: Schallgeschwindigkeit
$v$: Geschwindigkeit der Schallquelle
$f_0$: ausgesandte Tonhöhe

Daraus folgt für die empfangenen Tonhöhen $f_V$ und $f_H$:

$$f_V = \frac{f_0}{1 - \frac{v}{c}} \quad \text{und} \quad f_H = \frac{f_0}{1 + \frac{v}{c}}$$

**BEACHTE** Je größer die Geschwindigkeit $v$ der Schallquelle, desto größer der Frequenzsprung $\Delta f = f_V - f_H$.

**BEISPIEL** Hinreichend bekannt ist dieser Frequenzsprung beim „Lalü" eines vorbeifahrenden Einsatzfahrzeugs von Feuerwehr oder Polizei.

Entspricht die Geschwindigkeit $v$ der Schallgeschwindigkeit $c$, bildet sich vor der Schallquelle durch die Überlagerung aller Schallsignale an einer Front ein sehr hoher Schalldruck, die sogenannte *Schallmauer*. Bei Geschwindigkeiten von $v > c$ (Überschallgeschwindigkeit) bildet sich hinter der Schallquelle ein sogenannter *Machkegel*, an dessen Spitze sich die Schallquelle befindet.

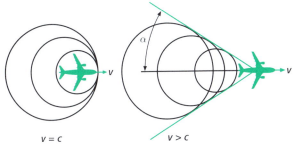

> $sin\ \alpha = \frac{c}{v}$

$\alpha$: machscher Winkel (halber Öffnungswinkel)
$c$: Schallgeschwindigkeit
$v$: Geschwindigkeit der Schallquelle

**BEISPIEL** Das inzwischen außer Dienst gestellte zivile Überschallflugzeug *Concorde* konnte maximal die doppelte Schallgeschwindigkeit erreichen:

$v = 2c_{Luft} = 2 \cdot 344\ \frac{m}{s} = 688\ \frac{m}{s} = 2476{,}8\ \frac{km}{h}$
$sin\ \alpha = \frac{c}{2c} = 0{,}5 \rightarrow \alpha = 30°$

Bei doppelter Schallgeschwindigkeit beträgt der Öffnungswinkel demnach 60°.

# Lerncheck

| Kapitel „Akustik" | O.K. ✔ | Das muss ich noch mal lesen |
|---|---|---|
| Ich kann die Kennzeichen einer Schwingung benennen und definieren. | | S. 40 |
| Ich kann den Zusammenhang zwischen der Frequenz und der Tonhöhe einer akustischen Schwingung formulieren. | | S. 40, 41 |
| Ich kann den Hörbereich beim Menschen benennen. | | S. 41 |
| Ich kann den Begriff „Hörschwelle" definieren. | | S. 42 |
| Ich kann den Zusammenhang zwischen Lautstärke und Schalldruckpegel benennen. | | S. 42 |
| Ich kann die Schallausbreitung als Welle erklären. | | S. 43 |
| Ich kann den Begriff „Wellenlänge" definieren. | | S. 43 |
| Ich kann den Dopplereffekt beschreiben und erklären. | | S. 44 |
| Ich kann den Begriff „Schallmauer" definieren. | | S. 45 |

# 5 Optik

## 5.1 Ausbreitung von Licht

Jede Lichtquelle kann man sich aus einer Vielzahl von *punktförmigen Lichtquellen* zusammengesetzt denken. Von einer punktförmigen Lichtquelle breitet sich das Licht nach allen Seiten aus.

Fällt Licht, das von einer punktförmigen Lichtquelle ausgeht, durch eine Öffnung, bildet sich ein Lichtbündel, das von *Randstrahlen* eingehüllt ist.

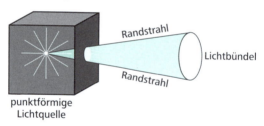

Es gibt drei verschiedene Arten von Lichtbündeln:

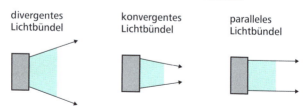

Unabhängig von der Form des Lichtbündels besteht jedes aus „unendlich" vielen *Lichtstrahlen*.

## 5.2 Lochkamera (Camera obscura)

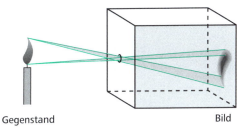

Gegenstand                                     Bild

Das von jedem Gegenstands*punkt* ausgehende Lichtbündel erzeugt an der Rückwand der **Lochkamera** einen Bild*kreis*. Alle Bildkreise überlagern sich zu einem unscharfen Bild des Gegenstands. Je kleiner das Loch, desto kleiner die Bildkreise, desto „schärfer", aber auch dunkler das Bild.

## 5.3 Licht und Körper

Fällt Licht auf einen Körper, wird immer ein mehr oder weniger großer Anteil des Lichts vom Körper „verschluckt": Es wird *absorbiert*. Diesen Vorgang nennt man **Absorption**.

Als **Transmission** bezeichnet man den Vorgang, bei dem der verbleibende Anteil des Lichts durch den Körper durchgelassen wird.

Als **Reflexion** bezeichnet man den Vorgang, bei dem der verbleibende Rest des Lichts durch den Körper zurückgeworfen wird.

**BEISPIEL** Von einer Fensterscheibe wird das Sonnenlicht durchgelassen, von einem Spiegel wird es zurückgeworfen.

Je *dünner* die Fensterscheibe bzw. je *heller* die spiegelnde Fläche, desto weniger wird vom einfallenden Licht absorbiert.

## 5.4 Reflexion von Licht

Beim Auftreffen von Licht auf eine Fläche werden die Lichtstrahlen in einem bestimmten Winkel zurückgeworfen:

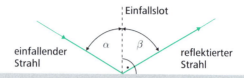

**Reflexionsgesetz:** Einfallswinkel = Reflexionswinkel
$\alpha = \beta$

**BEACHTE** Einfallender Strahl und reflektierter Strahl liegen in einer Ebene.


## 5.5 Spiegelbilder

Befindet sich ein leuchtender Körper vor einem Spiegel, erzeugt das von ihm ausgehende Licht ein Spiegelbild:

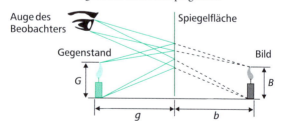

Bildweite $b$ = Gegenstandsweite $g$
Bildgröße $B$ = Gegenstandsgröße $G$

Am Ort des Spiegelbildes ist kein Licht. Das Spiegelbild ist daher ein „scheinbares" oder *virtuelles Bild*.

**BEACHTE** Am Ort des Bildes, das in einer Lochkamera (↗ S. 49) oder mit Hilfe von Sammellinsen (↗ S. 52) erzeugt wird, ist Licht. Ein solches Bild ist ein „echtes" oder *reelles Bild*.

## 5.6 Lichtbrechung

Beim Übergang von einem Medium in ein anderes ändert sich die Richtung der Lichtstrahlen: Das Licht wird gebrochen.

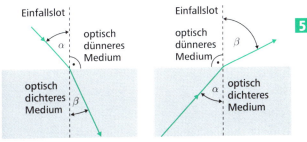

$\alpha$: Einfallswinkel
$\beta$: Brechungswinkel

Das Medium, in dem der Lichtstrahl zum Einfallslot hin gebrochen wird, ist das *optisch dichtere Medium*.

Das Medium, in dem der Lichtstrahl vom Einfallslot weg gebrochen wird, ist das *optisch dünnere Medium*.

Beim Übergang vom optisch dichteren zum optisch dünneren Medium wird der einfallende Lichtstrahl ab einem bestimmten *Grenzwinkel* nicht mehr gebrochen, sondern vollständig in das optisch dichtere Medium reflektiert.

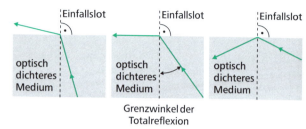

Den letztgenannten Fall (↗ S. 51) bezeichnet man als ***Totalreflexion***.

## 5.7 Linsen

Es gibt zwei Arten von Linsen: ***Konvexlinsen*** sind in der Mitte dicker als am Rand, ***Konkavlinsen*** sind in der Mitte dünner als am Rand.

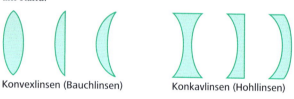

Konvexlinsen (Bauchlinsen)   Konkavlinsen (Hohllinsen)

Fällt Licht durch eine Konvexlinse, wird es „gesammelt": Konvexlinsen sind *Sammellinsen*.

Fällt Licht durch eine Konkavlinse, wird es „zerstreut": Konkavlinsen sind *Zerstreuungslinsen*.

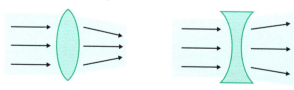

Beim Durchgang durch eine Linse werden die Strahlen eines Lichtbündels zweimal gebrochen:

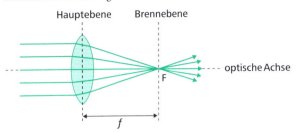

$f$: Brennweite
F: Brennpunkt

Die Strahlen eines parallelen Lichtbündels sammeln sich in einem Punkt auf der *Brennebene*. Der Schnittpunkt von Brennebene und optischer Achse ist der *Brennpunkt*.

Angenäherte Darstellung für *dünne* Linsen: Nur *eine* Brechung an der Hauptebene. Ausnahme: Auf die Linsenmitte auftreffende Strahlen werden *nicht* gebrochen.

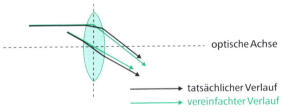

## 5.8 Linsenbilder

Fällt Licht von einem leuchtenden oder beleuchteten Körper auf eine Linse, entsteht von jedem Gegenstandspunkt des Körpers ein Bildpunkt.

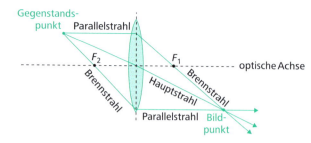

**BEACHTE** Parallelstrahlen werden zu Brennstrahlen, Brennstrahlen werden zu Parallelstrahlen, Hauptstrahl bleibt Hauptstrahl.

Alle Bildpunkte zusammen ergeben ein scharfes Bild des Gegenstandes (↗ Lochkamera, S. 49).

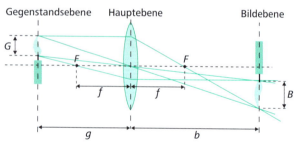

G: Gegenstandsgröße
B: Bildgröße
g: Gegenstandsweite
b: Bildweite
f: Brennweite

**Linsenformel:** $\frac{1}{g} + \frac{1}{b} = \frac{1}{f}$

**Abbildungsmaßstab:** $\frac{B}{G} = \frac{b}{g}$

**BEISPIEL** Vor einer Linse mit einer Brennweite $f = 10$ cm steht ein Gegenstand der Größe $G = 5$ cm in einer Entfernung $g = 30$ cm. Wie weit ist das Bild von der Linse entfernt und wie groß ist das Bild?

$$\frac{1}{b} = \frac{1}{f} - \frac{1}{g} = \frac{1}{10\text{ cm}} - \frac{1}{30\text{ cm}} = \frac{3-1}{30\text{ cm}} = \frac{2}{30\text{ cm}}$$

Die Bildweite beträgt $b = \frac{30\text{ cm}}{2} = 15$ cm.

Das Bild hat die Größe $B = G \cdot \frac{b}{g} = 5\text{ cm} \cdot \frac{15\text{ cm}}{10\text{ cm}} = 7{,}5$ cm.

Je mehr sich der Gegenstand dem Brennpunkt nähert, desto größer wird das Bild und desto weiter ist es von der Linse entfernt:

- Befindet sich ein Gegenstand außerhalb der doppelten Brennweite, ist das Bild kleiner als der Gegenstand:
  $g > 2f \rightarrow B < G$ und $b < 2f$.
- Befindet sich der Gegenstand im Abstand der doppelten Brennweite, sind Bild und Gegenstand gleich groß:
  $g = 2f \rightarrow B = G$ und $b = g = 2f$.
- Befindet sich der Gegenstand zwischen doppelter und einfacher Brennweite, ist das Bild größer als der Gegenstand.
  $2f > g > f \rightarrow B > G$ und $b > 2f$.
- Befindet sich der Gegenstand in der Brennebene, ergibt sich kein Bild: Das Bild ist „unendlich" groß und „unendlich" weit entfernt.
- Befindet sich der Gegenstand zwischen Brennebene und Linse, erhält man ein aufrecht stehendes und vergrößertes virtuelles Bild (↗ Spiegelbild, S. 50).

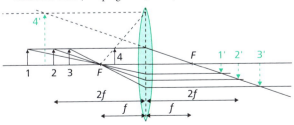

## Lerncheck

| Kapitel „Optik" | O.K. ✔ | Das muss ich noch mal lesen |
|---|---|---|
| Ich kann die Form eines Lichtbündels benennen. | | S. 48 |
| Ich kann die drei Arten der Wechselwirkung zwischen Licht und Körper benennen. | | S. 49 |
| Ich kann das Reflexionsgesetz formulieren. | | S. 50 |
| Ich kann die Entstehung eines Spiegelbilds anhand einer Skizze erklären. | | S. 50 |
| Ich kann die Lichtbrechung an einem Beispiel skizzieren und die Begriffe „optisch dünneres Medium" und „optisch dichteres Medium" am Beispiel der Lichtbrechung definieren. | | S. 51 |
| Ich kann den Unterschied zwischen einem virtuellen Bild und einem reellen Bild beschreiben. | | S. 51 |
| Ich kann die Totalreflexion von Licht erklären. | | S. 52 |
| Ich kann das durch eine Konvexlinse entworfene Bild eines leuchtenden Gegenstandes konstruieren. | | S. 53, 54 |
| Ich kann Bildweiten und Bildgrößen eines Linsenbilds mithilfe der Linsenformel und der Formel zum Abbildungsmaßstab berechnen. | | S. 54 |
| Ich kann den Zusammenhang zwischen Gegenstandsweite und Bildweite sowie zwischen Gegenstandsgröße und Bildgröße jeweils in Form eines Je-desto-Satzes formulieren. | | S. 55 |
| Ich kann die Bedingung nennen, die erfüllt sein muss, damit bei einer Konvexlinse ein vergrößertes virtuelles Bild eines leuchtenden Gegenstands entsteht. | | S. 55 |

# Elektrizität

## 6.1 Elektrische Schaltsymbole

| Symbol | | Symbol | |
|---|---|---|---|
| Batterie | —∣∣— | elektrisches Gerät techn. Widerstand | |
| Netzgerät allgemein | —o o— | Einstellwiderstand (Potenziometer) | |
| Gleichspannung Wechselspannung | = ~ | Lampe | —⊗— |
| einfacher Leiter | ——— | Klingel | |
| gekreuzte Leiter (nicht verbunden) | —+— | Motor | —(M)— |
| Verknüpfung zweier Leiter | —•— | Spannungsmesser (Voltmeter) | —(V)— |
| Schalter, einfach | —/— | Strommesser (Amperemeter) | —(A)— |
| Wechselschalter | —/— | Sicherung | —[ ]— |
| Schalter, zweifach | | Spule | —⌒⌒⌒— |
| Taster | | Spule mit Eisenkern | —⌒⌒⌒— |

## 6.2 Elektrische Schaltungen

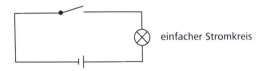
einfacher Stromkreis

Elektrischer Strom fließt nur dann, wenn der elektrische Stromkreis am Schalter *geschlossen* ist.

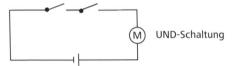
UND-Schaltung

**BEISPIEL** Bestimmte Maschinen, bei denen eine Verletzungsgefahr für die Hände besteht, funktionieren nur dann, wenn beide Schalter von je einer Hand geschlossen werden.

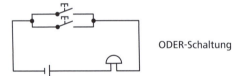
ODER-Schaltung

**BEISPIEL** Eine Hausklingel muss unabhängig voneinander an verschiedenen Stellen in Gang gesetzt werden können.

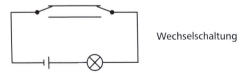
Wechselschaltung

**BEISPIEL** Die Beleuchtung für ein Treppenhaus muss an verschiedenen Stellen unabhängig voneinander an- und ausgeschaltet werden können.

## 6.3 Stromstärke und Ladung

Die *Stromstärke* I ist eine Basisgröße.
Einheit: [I] = 1 A (Ampere)

Elektrischer Strom ist fließende elektrische **Ladung**. Je mehr Ladung in einer bestimmten Zeit durch einen Leiter fließt, desto größer ist die Stromstärke.

$$I = \frac{Q}{t}$$

I: elektrische Stromstärke
Q: elektrische Ladung
t: Zeit
Einheit: [Q] = 1 A · 1 s = 1 As = 1 C (Coulomb)

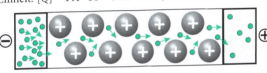

In einem metallischen Leiter erfolgt der Ladungstransport durch fließende *Elektronen*. Jedes Elektron ist Träger der kleinstmöglichen Ladung, der *Elementarladung* ( S. 110).

$$Q = N \cdot e$$

N: Anzahl der Elektronen
e: Elementarladung

## 6.4 Stromrichtung

In einem geschlossenen elektrischen Stromkreis fließt der Strom immer in eine bestimmte Richtung.

Die Elektronen sind *negativ* geladen. Deshalb werden sie vom negativen Pol der Stromquelle* *abgestoßen* und vom positiven Pol der Stromquelle *angezogen*.

*Elektronenflussrichtung:* Der elektrische Strom fließt von Minus nach Plus.

Daneben gibt es noch eine ältere Festlegung der Stromrichtung, als man noch nichts von Elektronen wusste:

*Technische Stromrichtung:* Der elektrische Strom fließt von Plus nach Minus.

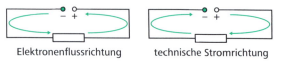

Elektronenflussrichtung    technische Stromrichtung

## 6.5 Elektrische Spannung

Voraussetzung für das Fließen eines elektrischen Stroms sind zwei unterschiedlich geladene Körper (Pole). Zwischen beiden Körpern herrscht eine *elektrische Spannung*.

$$U = \frac{W}{Q}$$

$U$: elektrische Spannung
$W$: die zum Trennen der Ladung erforderliche Arbeit
$Q$: Ladung

Einheit: $[U] = 1 \frac{J}{C} = 1$ V (Volt)

---

* Statt „Stromquelle" verwendet man im Unterricht häufig auch den Begriff „Spannungsquelle".

## 6.6 Messen von Stromstärke und Spannung

Zur Messung der Stromstärke wird der Strommesser *in den Stromkreis* geschaltet:

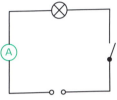

Zur Messung der Spannung wird der Spannungsmesser *parallel* zum jeweiligen Gerät geschaltet:

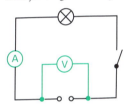 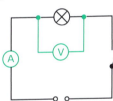

- Die an den Klemmen (Polen) einer Stromquelle anliegende Spannung bezeichnet man als *Klemmenspannung*.
- Die von einem elektrischen Gerät benötigte Spannung bezeichnet man als *Gerätespannung*.

Sind mehrere Stromquellen in Reihe geschaltet, wird die Gesamtspannung der Reihenschaltung (↗ S. 64) zwischen Anfang und Ende der miteinander verbundenen Stromquellen gemessen. Sie entspricht der Summe der einzelnen Klemmenspannungen.

**BEISPIEL** Die Spannung der häufig verwendeten Mignonbatterie beträgt 1,5 V. Die von einem Walkman benötigte Spannung beträgt 3 V. Zum Betreiben dieses Geräts verwendet man daher zwei in Reihe geschaltete Mignonbatterien.

## 6.7 Gleichspannung, Wechselspannung

Bei einer Batterie sind Plus- und Minuspol eindeutig festgelegt.

In einem angeschlossenen Stromkreis fließt der elektrische Strom daher stets in *dieselbe* Richtung.

Bei einer Netzsteckdose wechseln die beiden Pole in 1 Sekunde 100 Mal ihr Vorzeichen: von Plus nach Minus, von Minus nach Plus usw. Das entspricht 50 vollständigen Wechseln in einer Sekunde oder einer *Netzfrequenz* von $f = 50$ Hz (↗ S. 41).

```
  – +                 + –
——o o——            ——o o——
 t = 0 s            t = 1/100 s

  – +                 + –
——o o——            ——o o——  ...
 t = 2/100 s        t = 3/100 s  ...
```

In einem angeschlossenen Stromkreis *wechselt* der elektrische Strom daher regelmäßig seine Richtung.

- Die an einer Batterie anliegende Spannung ist *Gleichspannung*. Der in einem angeschlossenen Stromkreis fließende Strom ist *Gleichstrom*.
- Die an einer Steckdose anliegende Spannung ist *Wechselspannung*. Der in einem angeschlossenen Stromkreis fließende Strom ist *Wechselstrom*.

Gleichstromquelle                    Wechselstromquelle

## 6.8 Elektrischer Widerstand

Jedes elektrische Gerät in einem elektrischen Stromkreis behindert den ungehemmten Stromfluss: Es hat die Eigenschaft von einem *elektrischen Widerstand*. Je größer der Widerstand, desto geringer die Stromstärke.

Definition des elektrischen Widerstands:

$R = \frac{U}{I}$

$U$: die am Gerät anliegende Spannung
$I$: der durch das Gerät fließende Strom
Einheit: $[R] = 1\,\frac{\text{V}}{\text{A}} = 1\,\Omega$ (Ohm)

In vielen elektrischen Schaltungen wird der Stromfluss absichtlich begrenzt. Ein dafür eingesetztes Gerät ist ein *technischer Widerstand*, kurz „Widerstand". Technische Widerstände werden häufig aus metallischen Leitern hergestellt.

$R = \varrho \cdot \frac{l}{A}$

$\varrho$: spezifischer, vom Material des Leiters abhängiger, elektrischer Widerstand (↗ S. 115)
$l$: Länge des Leiters
$A$: Querschnittsfläche des Leiters

**BEISPIEL** Ein Eisendraht ($\varrho = 0{,}1\,\Omega \cdot \frac{\text{mm}^2}{\text{m}}$) mit kreisförmigem Querschnitt hat einen Radius von $r = 0{,}3$ mm und eine Länge von $l = 2$ m. Der elektrische Widerstand dieses Drahtes beträgt

$R = \dfrac{0{,}1\,\Omega \cdot \frac{\text{mm}^2}{\text{m}} \cdot 2\,\text{m}}{0{,}3^2\,\text{mm}^2 \cdot \pi} = 2{,}2\,\Omega$.

## 6.9 Ohmsches Gesetz

Je größer die an einem elektrischen Gerät anliegende Spannung $U$, desto größer ist der durch das Gerät fließende Strom $I$. Bei einem metallischen Leiter ist der durch ihn fließende Strom $I$ proportional zur anliegenden Spannung $U$.

> $I \sim U$ **ohmsches Gesetz**

Voraussetzung ist, dass die *Temperatur* des Leiters *konstant* bleibt. Ist dies nicht der Fall, so wird das ohmsche Gesetz nicht erfüllt.

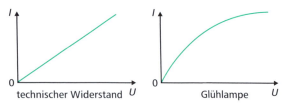

## 6.10 Reihenschaltung von Widerständen

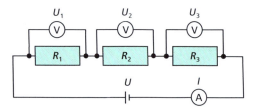

Bei einer *Reihenschaltung* von technischen Widerständen bzw. elektrischen Geräten fließt durch alle Geräte derselbe Strom.

> $I_1 = I_2 = I_3 = \ldots = I$

Die Summe der an den Geräten anliegenden Spannungen ergibt die Klemmenspannung (↗ S. 61) der Stromquelle. Die Klemmenspannung wird also aufgeteilt (Spannungsteiler):

$U = U_1 + U_2 + U_3 + \ldots$

Der Gesamtwiderstand des Stromkreises ergibt sich aus der Summe der Gerätewiderstände:

$R = R_1 + R_2 + R_3 + \ldots$

Dabei verhalten sich die an den Geräten anliegenden Spannungen wie die entsprechenden Gerätewiderstände:

$\dfrac{U_1}{U_2} = \dfrac{R_1}{R_2}$ bzw. $\dfrac{U_2}{U_3} = \dfrac{R_2}{R_3}$ usw.

**BEISPIEL** Will man eine Glühlampe mit einer Gerätespannung von $U_L = 4$ V und einem Strombedarf von $I = 0{,}2$ A an einer Stromquelle mit einer Klemmenspannung $U = 9$ V betreiben, so muss man in Reihe zur Lampe einen *Vorwiderstand* $R_V$ schalten, der die Restspannung $U_V = 5$ V „verarbeitet".

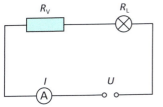

$R_V = \dfrac{5\,\text{V}}{0{,}2\,\text{A}} = 25\,\Omega$

**BEACHTE** Tauscht man in einer Reihenschaltung ein Gerät durch ein anderes mit einem anderen Gerätewiderstand aus, so verändern sich *alle* einzelnen Teilspannungen im betreffenden Stromkreis.

## 6.11 Parallelschaltung von Widerständen

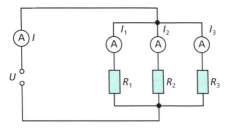

Bei einer *Parallelschaltung* von technischen Widerständen bzw. elektrischen Geräten liegt an allen Geräten dieselbe Spannung an:

$$U_1 = U_2 = U_3 = \ldots = U$$

Die Summe der durch die Geräte fließenden Teilströme ergibt den aus der Stromquelle fließenden Gesamtstrom. Der Strom wird also aufgeteilt (Stromteiler).

$$I = I_1 + I_2 + I_3 + \ldots \qquad \text{1. kirchhoffsches Gesetz}$$

Je mehr Geräte an einer Stromquelle betrieben werden, desto mehr Strom wird der Quelle entnommen, desto kleiner wird also der Gesamtwiderstand $R$:

$$\frac{1}{R} = \frac{1}{R_1} + \frac{1}{R_2} + \frac{1}{R_3} + \ldots$$

**BEACHTE** Der Gesamtwiderstand einer Parallelschaltung ist *kleiner* als der kleinste Teilwiderstand.

Die durch die Geräte fließenden Teilströme verhalten sich *umgekehrt* zu den entsprechenden Gerätewiderständen:

$\frac{I_1}{I_2} = \frac{R_2}{R_1}$ bzw. $\frac{I_2}{I_3} = \frac{R_3}{R_2}$ usw. *2. kirchhoffsches Gesetz*

**BEISPIEL** Mit einem Strommesser (Gerätewiderstand $R_G$ = 1200 Ω), der für Messungen bis 100 µA ausgelegt ist, sollen Ströme bis 10 mA gemessen werden können.
Durch Parallelschalten von einem zusätzlichen technischen Widerstand, einem sog. *Shunt $R_S$*, wird dies ermöglicht.

 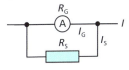

Der Gesamtstrom ist die Summe der Ströme, die durch den Strommesser und den Shunt fließen:

$I = I_G + I_S$

$I_S = I - I_G = 0{,}0100$ A $- 0{,}0001$ A $= 0{,}0099$ A

$\frac{I_G}{I_S} = \frac{R_S}{R_G}$

$R_S = R_G \cdot \frac{I_G}{I_S} = \frac{1200\ \Omega \cdot 0{,}0001\ \text{A}}{0{,}0099\ \text{A}} = \frac{1200\ \Omega}{99} \approx 12\ \Omega$

Der Shunt muss einen elektrischen Widerstand von etwa 12 Ω aufweisen.

## 6.12 Innenwiderstand von Stromquellen

Auch eine Stromquelle ist ein elektrisches Gerät und hat deshalb einen elektrischen Widerstand, einen sog. *Innenwiderstand $R_i$*. Wird ein anderes elektrisches Gerät, z. B. eine Lampe, an eine Stromquelle angeschlossen, so steht diesem nicht die volle *Quellenspannung* zur Verfügung, sondern nur eine verminderte Klemmenspannung:

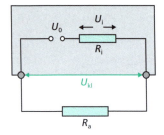

$$U_{kl} = U_0 - U_i$$

$U_{kl}$: Klemmenspannung
$U_0$: Quellenspannung (= Spannung bei unbelasteter Quelle)
$U_i$: die am Innenwiderstand der Quelle abfallende Spannung

Je geringer der elektrische Widerstand $R_a$ des angeschlossenen Geräts im Verhältnis zum Innenwiderstand $R_i$ der Stromquelle, desto geringer ist die Klemmenspannung:

$$U_{kl} = U_0 \cdot \frac{1}{1 + \frac{R_i}{R_a}}$$

$R_i$: Innenwiderstand der Stromquelle
$R_a$: Gerätewiderstand des angeschlossenen Gerätes

**BEISPIEL** Das Lämpchen einer Taschenlampe hat einen Gerätewiderstand von $R_a = 12{,}7\ \Omega$. Eine frische Taschenlampenbatterie mit einer Quellenspannung von $U_0 = 4{,}5$ V hat einen Innenwiderstand von $R_i \approx 0{,}1\ \Omega$.

Die Klemmenspannung bei angeschlossenem Lämpchen beträgt

$$U_{kl} = 4{,}5\ \text{V} \cdot \frac{1}{1 + \frac{0{,}1\ \Omega}{12{,}7\ \Omega}} = 4{,}46\ \text{V}.$$

Eine „verbrauchte" Taschenlampenbatterie hat immer noch eine Quellenspannung von $U_0 = 4{,}5$ V, jedoch einen höheren Innenwiderstand von $R_i \approx 10\ \Omega$.

Die Klemmenspannung bei angeschlossenem Lämpchen beträgt jetzt nur noch

$$U_{kl} = 4{,}5\ \text{V} \cdot \frac{1}{1 + \frac{10\ \Omega}{12{,}7\ \Omega}} = 2{,}5\ \text{V}.$$

Das Lämpchen, das eine Spannung von ca. 4,5 V benötigt, bleibt daher dunkel.

## 6.13 Elektrische Leistung und Energie

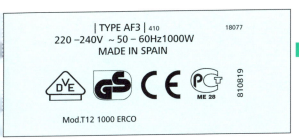

Je stärker der durch ein elektrisches Gerät fließende Strom, desto größer ist seine *Leistung*:

$P = U \cdot I$

$P = \frac{U^2}{R} = R \cdot I^2$

$P$: Leistung des elektrischen Geräts
$U$: Gerätespannung des elektrischen Geräts
$I$: der durch das elektrische Gerät fließende Strom
$R$: Gerätewiderstand
Einheit: $[P] = 1\ \text{VA} = 1\ \text{W}$ (Watt)

Je länger ein elektrisches Gerät an einer Stromquelle angeschlossen ist, desto mehr *Energie* entnimmt es der Stromquelle:

> $W = P \cdot t$
>
> $W = U \cdot I \cdot t$

$t$: Betriebsdauer des elektrischen Geräts
Einheit: $[W] = 1$ Ws (Wattsekunde)
Gebräuchliche Einheit: $[W] = 1$ kWh = 3 600 000 Ws

**BEISPIEL** Durch einen Fernseher von $P = 100$ W fließt bei einer Gerätespannung von 220 V~ ein Strom von

$I = \frac{P}{U} = \frac{100 \text{ W}}{220 \text{ V}} = 0{,}45$ A.

Ein Fernseher von $P = 100$ W, der jeden Tag 6 Stunden läuft, entnimmt der Stromquelle (Steckdose) täglich eine Energie von $W = P \cdot t = 0{,}1$ kW $\cdot$ 6 h $= 0{,}6$ kWh. Das macht pro Jahr eine Energieentnahme von $W = 365 \cdot 0{,}6$ kWh $= 219$ kWh. Bei einem Preis von ca. 0,19 €/kWh kostet das pro Jahr 41,61 €.

## 6.14 Elektrizität und Magnetismus

Die Kraftwirkungen um einen Magneten lassen sich durch Feldlinien darstellen.

*Definition:* Feldlininen „entspringen" aus dem Nordpol und „münden" in den Südpol.

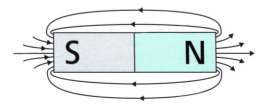

Von einem stromdurchflossenen Leiter gehen magnetische Wirkungen aus, sichtbar durch kreisförmige Feldlinien.

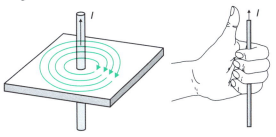

Die Orientierung der magnetischen Feldlinien hängt von der Stromrichtung ab.

Unter Annahme der *Elektronenflussrichtung* (↗ S. 60) dient zur Ermittlung dieser Orientierung die **Linkefaustregel**: Der ausgestreckte Daumen gibt die Richtung des Stromes an, die umschließenden Finger die Orientierung der Feldlinien.

**BEACHTE** Geht man von der *technischen Stromrichtung* (↗ S. 60) aus, so verwendet man entsprechend die **Rechtefaustregel**.

Wickelt man einen stromdurchflossenen Leiterdraht zu einer Spule, erhält man einen *Elektromagneten*, dessen Feldlinien ähnlich verlaufen wie in einem Stabmagneten. Die Orientierung der Feldlinien und die Lage von Nord- und Südpol hängen von der Stromrichtung ab.

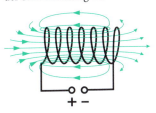

## 6.15 Elektromotorisches Prinzip

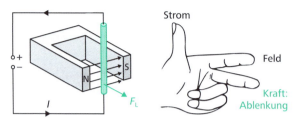

Befindet sich ein stromdurchflossener Leiter innerhalb eines Magnetfelds, so wird er durch die **Lorentzkraft** $F_L$ *senkrecht* zu den Feldlinien und *senkrecht* zur Stromrichtung abgelenkt.

Die Richtung der Lorentzkraft bzw. der Ablenkung lässt sich mithilfe der **Linkehandregel** (Dreifingerregel) ermitteln: Der *Daumen* gibt die Richtung des Stromes an, der *Zeigefinger* die Richtung der Feldlinien, der *Mittelfinger* die Richtung der Lorentzkraft.

Bewegt man einen Leiter senkrecht zu den Feldlinien eines Magneten, so wirkt die Lorenzkraft $F_L$ längs des Leiters und es fließt ein **Induktionsstrom**, zwischen den Enden des Leiters entsteht eine **Induktionsspannung**.

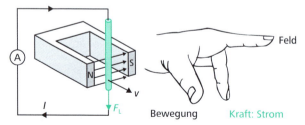

Zur Ermittlung der Stromrichtung dient wiederum die **Linkehandregel** (Dreifingerregel): Der *Daumen* gibt die Bewegungsrichtung an, der *Zeigefinger* die Richtung der Feldlinien und der *Mittelfinger* die Richtung des Induktionsstroms.

**BEACHTE** Geht man von der technischen Stromrichtung aus, so verwendet man die entsprechenden *Rechtehandregeln*.

## 6.16 Transformatoren

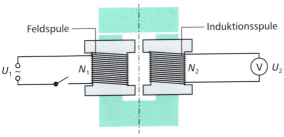

1. *Transformatorformel* (*ohne* angeschlossenen „Verbraucher"):

$$\frac{U_1}{U_2} = \frac{N_1}{N_2}$$

Die an den Spulen anliegenden Spannungen verhalten sich wie die Windungszahlen.

$U_1$: Primärspannung an der Feldspule
$U_2$: Sekundärspannung an der Induktionsspule
$N_1$: Windungszahl der Feldspule
$N_2$: Windungszahl der Induktionsspule

**BEISPIEL** Ein Transformator hat eine Feldspule mit $N_1 = 600$ Windungen und eine Induktionsspule mit $N_2 = 100$ Windungen. Legt man an die Feldspule eine Wechselspannung von $U_1 = 220\,\text{V}\sim$, so entsteht an der Induktionsspule eine Wechselspannung von

$$U_2 = U_1 \cdot \frac{N_2}{N_1} = 220\,\text{V} \cdot \frac{100}{600} \approx 37\,\text{V}.$$

*2. Transformatorformel* (*mit* angeschlossenem „Verbraucher"):

$$\frac{I_1}{I_2} = \frac{N_2}{N_1}$$

Die durch die Spulen fließenden Ströme verhalten sich *umgekehrt* zu den Windungszahlen.

$I_1$: durch die Feldspule fließender Feldstrom
$I_2$: durch die Induktionsspule fließender Induktionsstrom
$N_1$: Windungszahl der Feldspule
$N_2$: Windungszahl der Induktionsspule

**BEACHTE** Ist auf der „Verbraucherseite" *kein* Gerät angeschlossen ($I_2 = 0$), fließt auf der Primärseite, selbst wenn die Feldspule an eine Spannungsquelle angeschlossen ist, *ebenfalls* kein Strom. Bei angeschlossenem „Verbraucher" gilt nur noch näherungsweise:

$$\frac{U_1}{U_2} \approx \frac{N_1}{N_2}$$

## 6.17 Halbleiter

Halbleiter sind Elemente der 4. Hauptgruppe des Periodensystems der Elemente (↗ Umschlag). Ihre elektrische Leitfähigkeit beruht im Festkörpergitter auf dem Vorhandensein freier Elektronen sowie freier Bindungen (Löcher).

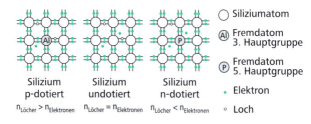

*p-Leiter*: Halbleiter mit Überschuss freier Löcher
*n-Leiter*: Halbleiter mit Überschuss freier Elektronen

Eine *Halbleiterdiode* ist eine Kombination aus einem p-Leiter und einem n-Leiter, die Stromfluss nur in einer Richtung zulässt.

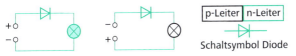

Halbleiterdioden finden Verwendung als *Gleichrichter*, ein elektronisches Bauteil, das Wechselspannung (➚ S. 62) in Gleichspannung umwandeln kann.

### Einweggleichrichter

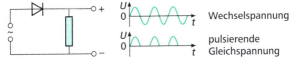

### Zweiweggleichrichter

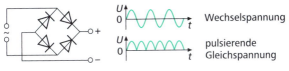

Ein *Transistor* ist eine Kombination aus zwei p-Leitern und einem n-Leiter bzw. zwei n-Leitern und einem p-Leiter:

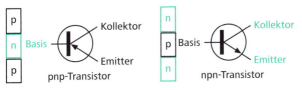

Transistoren finden Verwendung als *elektronische Schalter* und als *Verstärker* für Spannungen und Ströme.

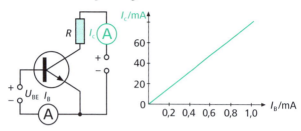

$U_{BE}$: Basis-Emitter-Spannung (Steuerspannung)
$I_B$:  Basisstrom
$I_C$:  Kollektorstrom
$R$:   Lastwiderstand

**Transistor als Schalter**
Durch Anlegen einer Basis-Emitter-Spannung $U_{BE}$ wird die Verbindung zwischen Emitter und Kollektor elektrisch leitend und der Lastwiderstand – z. B. eine Lampe oder ein Motor – in Betrieb gesetzt.

**Transistor als Verstärker**
Mit dem Basisstrom $I_B$ im *Steuerstromkreis* lässt sich der Kollektorstrom $I_C$ im Laststromkreis steuern. Dabei genügen schon *kleine Änderungen* des Basisstroms, um eine *große Änderung* des Kollektorstroms zu erreichen.

$$\beta = \frac{\Delta I_C}{\Delta I_B} \quad \textbf{Stromverstärkung}$$

**BEISPIEL** Die Stromverstärkung für den oben vorgestellten npn-Transistor beträgt:
$\beta = \frac{\Delta I_C}{\Delta I_B} = \frac{80 \text{ mA}}{1 \text{ mA}} = 80$.

# Lerncheck

| Kapitel „Elektrizität" | O.k. ✓ | Das muss ich noch mal lesen |
|---|---|---|
| Ich kann eine UND-Schaltung, eine ODER-Schaltung sowie eine Wechselschaltung skizzieren und erklären. | | S. 58 |
| Ich kann die sachgerechte Messung von Strom und elektrischer Spannung in einem Stromkreis beschreiben. | | S. 61 |
| Ich kann den elektrischen Widerstand eines Leiters berechnen. | | S. 63 |
| Ich kann das ohmsche Gesetz formulieren. | | S. 64 |
| Ich kann die Gesetze für die Reihenschaltung und die Parallelschaltung von elektrischen Geräten formulieren und entsprechende Beispiele berechnen. | | S. 64–69 |
| Ich kann die elektrische Leistung eines elektrischen Geräts definieren und beim Einsatz dessen umgesetzte Energie berechnen. | | S. 69 |
| Ich kann für die magnetische Wirkung des elektrischen Stroms die Linkefaustregel demonstrieren und erklären. | | S. 70, 71 |
| Ich kann das elektromotorische Prinzip mithilfe der Linkehandregel demonstrieren und die jeweilige Wirkung der Lorentzkraft beschreiben. | | S. 72 |
| Ich kann bei einem Transformator Ströme und Spannungen mithilfe der Transformatorformeln berechnen. | | S. 73 |
| Ich kann bei einem Halbleiter den Unterschied zwischen einem p-Leiter und einem n-Leiter formulieren. | | S. 74 |
| Ich kann die Verwendung von Halbleiterdioden benennen und in einem elektrischen Schaltbild skizzieren. | | S. 75 |

# 7 Kernphysik

## 7.1 Zusammensetzung eines Atomkerns

Nukleonenzahl ⟶ M
Kernladungszahl ⟶ K  X  ⟵ Elementsymbol

Ein Atomkern (Nuklid) besteht aus zwei verschiedenen Arten von Elementarteilchen: *Protonen* (p) und *Neutronen* (n).

Nukleonenzahl = Anzahl Protonen + Anzahl Neutronen
Kernladungszahl = Anzahl Protonen

**BEISPIEL** Der Kern eines Kohlenstoffatoms besteht aus 6 Protonen und 6 Neutronen.

Atomkerne mit gleicher Protonenzahl, aber ungleicher Neutronenzahl bezeichnet man als *Isotope*.

**BEISPIEL**

$^{12}_{6}C$ Kohlenstoffisotop C-12
6 Protonen, 6 Neutronen

$^{14}_{6}C$ Kohlenstoffisotop C-14
6 Protonen, 8 Neutronen

## 7.2 Radioaktiver Zerfall

Atomkerne, die unter Abgabe von Kernteilchen und Strahlung zerfallen, bezeichnet man als *Radionuklide*.

| $\alpha$-Zerfall $\quad ^{M}_{K}X \rightarrow {}^{M-4}_{K-2}Y + \alpha$ |
|---|

$\alpha$-Strahlung besteht aus Heliumkernen: $^{4}_{2}He$.

## β-Zerfall    $^M_K X \rightarrow\, ^M_{K+1}Y + \beta$

β-Strahlung besteht aus Elektronen: e.

## γ-Zerfall    $^M_K X^* \rightarrow\, ^M_K X + \gamma$

γ-Strahlung ist eine lichtähnliche Strahlung.
X*: energetisch angeregtes Nuklid

### BEISPIEL

- radioaktiver Zerfall von Radium-226:   $^{226}_{88}Ra \rightarrow\, ^{222}_{86}Rn + \alpha$
- radioaktiver Zerfall von Cäsium-137:   $^{137}_{55}Cs \rightarrow\, ^{137}_{56}Ba + \beta$
- radioaktiver Zerfall von Cobalt-60*:   $^{60}_{27}Co^* \rightarrow\, ^{60}_{27}Co + \gamma$

Die Zeit, in der die *halbe* Anzahl von radioaktiven Kernen einer Sorte zerfallen ist, bezeichnet man als ***Halbwertszeit*** (↗ S. 117).

### BEISPIEL

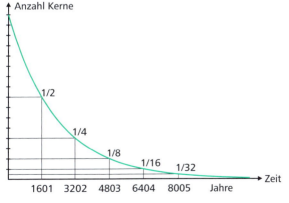

Zerfall von Radium-226 Halbwertszeit $T_{\frac{1}{2}} = 1691$ Jahre.

## 7.3 Messgrößen der Radioaktivität

|  | Quelle | Empfänger | |
|---|---|---|---|
| Vorgang | Anzahl der Zerfälle pro Zeiteinheit | Energieaufnahme durch Organismus | energetische Wirkung im Organismus |
| Messgröße | Aktivität $A$ | Energiedosis $D$ | Äquivalentdosis $H$ |
| Einheit | $[A] = 1\,\text{s}^{-1} = 1\,\text{Bq}$ | $[D] = 1\,\text{J} \cdot \text{kg}^{-1} = 1\,\text{Gy}$ | $[H] = 1\,\text{Sv}$ |

Bq = Becquerel, Gy = Gray, Sv = Sievert

## 7.4 Abgeleitete Größen und Einheiten

spezifische Aktivität: $\quad 1\,\dfrac{\text{Bq}}{\text{kg}},\ 1\,\dfrac{\text{Bq}}{\text{l}},\ 1\,\dfrac{\text{Bq}}{\text{m}^3}$

Oberflächenaktivität: $\quad 1\,\dfrac{\text{Bq}}{\text{m}^2},\ 1\,\dfrac{\text{Bq}}{\text{km}^2}$

Dosisleistung: $\quad 1\,\dfrac{\text{Sv}}{\text{h}},\ 1\,\dfrac{\text{Sv}}{\text{a}}$

## 7.5 Beziehung zwischen den Messgrößen

Energiedosis $D$ · Wichtungsfaktor $w_R$ = Äquivalentdosis $H$
Aktivität $A$ · Dosisfaktor $d$ = Äquivalentdosis $H$

*Wichtungsfaktoren für verschiedene Strahlungsarten*

| Strahlungsart | Wichtungsfaktor $w_R$ |
|---|---|
| Röntgenstrahlung | 1 |
| $\gamma$-Strahlung | 1 |
| $\beta$-Strahlung | 1 |
| Neutronenstrahlung | 2–10 |
| $\alpha$-Strahlung | 20 |

**BEISPIEL** Eine vom Organismus aufgenommene Energiedosis an $\alpha$-Strahlung hat gegenüber einer gleich großen Energiedosis an $\beta$-Strahlung eine 20-fache Wirkung.

*Dosisfaktoren*

| Nuklid | Organ | Erwachsener (µSv/Bq) | Kleinkind (µSv/Bq) |
|---|---|---|---|
| Iod-131 | Schilddrüse | 0,510 | 4,200 |
| Caesium (Cs-134 + Cs-137) | Leber | 0,036 | 0,210 |
| Caesium (Cs-134 + Cs-137) | Ganzkörper | 0,014 | 0,014 |
| Strontium-90 | Knochen | 2,600 | 6,800 |
| Strontium-90 | Ganzkörper | 0,240 | 1,700 |
| Plutonium-239 | Knochen | 1900,000 | 630,000 |

**BEISPIEL** Isst ein Norweger 200 g Elchbraten, der eine spezifische Caesiumaktivität von 2000 B$_q$/kg aufweist, so nimmt er, auf seinen ganzen Körper bezogen, eine Äquivalentdosis von 400 Bq $\cdot$ 0,014 $\frac{\mu Sv}{Bq}$ = 2,8 µSv auf.

# Lerncheck

| Kapitel „Kernphysik" | O.K. ✓ | Das muss ich noch mal lesen |
|---|---|---|
| Ich kann die Begriffe „Kernladungszahl" und „Nuklidzahl" definieren und erklären. | | S. 78 |
| Ich kann die drei Gesetze des radioaktiven Zerfalls formulieren und anhand vorgegebener radioaktiver Nuklide notieren. | | S. 78, 79 |
| Ich kann den Begriff „Halbwertszeit" definieren. | | S. 79 |
| Ich kann die Messgrößen „Aktivität" und „Äquivalentdosis" definieren. | | S. 80 |
| Ich kann mithilfe der Messgrößen für die Radioaktivität die Strahlenbelastung eines Organismus berechnen. | | S. 81 |

# Die chemische Formel

## 8.1 Kennzeichen einer Formel

$$H_2O \quad SO_2 \quad CaCO_3 \quad CH_3COOH$$

Eine chemische Formel macht *drei* Aussagen:
- sie bezeichnet einen bestimmten Stoff,
- sie gibt an, aus welchen Elementen der Stoff besteht,
- sie gibt an, in welchem Teilchenverhältnis die Elementatome miteinander verbunden sind.

**BEISPIEL** Die Formel $CaCO_3$ bezeichnet den Stoff Calciumcarbonat. Dieser ist eine Verbindung aus den Elementen Calcium, Kohlenstoff und Sauerstoff. In einer Formeleinheit ist das Atomzahlverhältnis der drei Elemente 1 : 1 : 3.

## 8.2 Säuren, Hydroxide, Salze

Die Formeln von *anorganischen Säuren* haben folgendes Kennzeichen:

$$H_nA$$

H: „saure" Wasserstoffatome
n: Anzahl dieser Wasserstoffatome im Säuremolekül
A: Säurerest

**BEISPIEL** Die Formel von Phosphorsäure ist $H_3PO_4$. Ein Molekül hat *drei* gebundene „saure" Wasserstoffatome. Der Säurerest ist das Phosphat-Ion.

Die Formeln von **_Hydroxiden_** haben folgendes charakteristisches Kennzeichen:

$$Me_n(OH)_m$$

Me: Metall-Ion
n: Anzahl dieser Metall-Ionen pro Formeleinheit
OH: Hydroxid-Ion
m: Anzahl dieser Hydroxid-Ionen pro Formeleinheit

**BEISPIEL** Die Formel von Calciumhydroxid ist $Ca(OH)_2$. Eine Formeleinheit des aus Ionen aufgebauten Stoffes besteht aus einem Calcium-Ion und *zwei* Hydroxid-Ionen.

Die Formeln von *Salzen* haben folgendes Kennzeichen:

$$Me_nA_m$$

Me: Metall-Ion (oder Ammonium-Ion)
n: Anzahl dieser Metall-Ionen pro Formeleinheit
A: Säurerest-Ion
m: Anzahl dieser Säurerest-Ionen pro Formeleinheit

**BEISPIEL** Die Formel von Calciumphosphat ist $Ca_3(PO_4)_2$. Eine Formeleinheit des aus Ionen aufgebauten Stoffes besteht aus *drei* Calcium-Ionen und *zwei* Phosphat-Ionen.

**BEACHTE** Säuren sind molekulare Stoffe, die erst mit Wasser Ionen bilden. Hydroxide und Salze sind schon aus Ionen aufgebaut.

## 8.3 Nomenklaturregeln anorganischer Stoffe

Besteht eine anorganische Verbindung aus *zwei* Elementen, so erhält der Name des elektronegativeren (↗ S. 121) Partners die Endung „**id**".

**BEISPIELE** Magnesium hat eine Elektronegativität von 1,2. Sauerstoff hat eine Elektronegativität von 3,5. Die Verbindung beider Elemente heißt Magnesium**oxid**.

Fluor hat eine Elektronegativität von 4,0. Die Verbindung von Fluor und Sauerstoff heißt deshalb *nicht* Fluoroxid, sondern Sauerstoff*fluorid*.

Die Benennung von anorganischen Säuren und deren Säureresten hängt davon ab, wie viele Sauerstoffatome in den Säureresten gebunden sind:

- Die **sauerstofffreien** Säurereste haben die Endung „id".
- Die weniger **sauerstoffreichen** Säurereste haben die Endung „it".
- Die **sauerstoffreichsten** Säurereste erhalten in der Regel die Endung „at".

**BEISPIELE**

| Säure | Formel | Säurerest | Formel |
|---|---|---|---|
| Salzsäure | HCl | Chlorid | $Cl^-$ |
| Flusssäure | HF | Fluorid | $F^-$ |
| Iodwasserstoff | HI | Iodid | $I^-$ |
| Schwefelwasserstoff | $H_2S$ | Sulfid | $S^{2-}$ |
| schweflige Säure | $H_2SO_3$ | Sulfit | $SO_3^{2-}$ |
| Schwefelsäure | $H_2SO_4$ | Sulfat | $SO_4^{2-}$ |
| Salpetersäure | $HNO_3$ | Nitrat | $NO_3^-$ |
| Kohlensäure | $H_2CO_3$ | Carbonat | $CO_3^{2-}$ |
| Phosphorsäure | $H_3PO_4$ | Phosphat | $PO_4^{3-}$ |

Säuren, deren Moleküle mehr als ein Wasserstoffatom gebunden haben, bilden neben den „normalen" Säureresten auch solche, die noch Wasserstoffatome enthalten, sog. saure Säurereste.

**BEISPIEL** Schwefelsäure bildet neben den „normalen" Sulfaten auch saure Säurereste, sog . **Hydrogen**sulfate $HSO_4^-$.

## 8.4 Funktionelle Gruppen organischer Stoffe

Formeln von organischen Stoffen sind durch ihre **funktionelle Gruppe** gekennzeichnet. Diese gibt einen Hinweis auf das Reaktionsverhalten des betreffenden Stoffes.

**Kohlenwasserstoffe** haben Kohlenwasserstoffketten mit *Einfach-* und *Mehrfachbindungen* zwischen den Kohlenstoffatomen.

*Alkane* haben zwischen den Kohlenstoffatomen nur *Einfachbindungen*.

**BEISPIEL** Propan

$CH_3 — CH_2 — CH_3$

*Alkene* haben in der Kohlenstoffkette mindestens 1 *Doppelbindung*.

**BEISPIEL** Propen

$CH_3 — CH = CH_2$

*Alkine* haben in der Kohlenstoffkette mindestens 1 *Dreifachbindung*.

**BEISPIEL** Propin

$CH_3 — C \equiv CH$

*Alkohole* (Alkanole) erkennt man an *Hydroxylgruppen* in ihrem Molekül: *Einwertige* Alkohole haben 1 Hydroxylgruppe in ihrem Molekül.

**BEISPIEL** Ethanol (Ethylalkohol)

$$CH_3 - CH_2 - OH$$

*Mehrwertige* Alkohole haben mindestens 2 Hydroxylgruppen in ihrem Molekül.

**BEISPIEL** Ethandiol (Ethylenglykol)

$$\begin{array}{cc} CH_2 - CH_2 \\ | \quad\quad | \\ OH \quad OH \end{array}$$

*Aldehyde* (Alkanale) und *Ketone* (Alkanone) haben eine Carbonylgruppe im Molekül.

**BEISPIEL** Etha**nal** (Acetaldehyd) und Propan**on** (Aceton)

$$CH_3 - C\underset{H}{\overset{O}{\lessgtr}} \quad\quad CH_3 - C\underset{CH_3}{\overset{O}{\lessgtr}}$$

*Carbonsäuren* erkennt man an der *Carboxylgruppe* am Ende des betreffenden Moleküls.

**BEISPIEL** Ethansäure (Essigsäure)

$$CH_3 - C\underset{OH}{\overset{O}{\lessgtr}}$$

## 8.5 Nomenklaturregeln organischer Stoffe

Die einzelnen Silben der Stoffnamen leiten sich aus den Namen der Grundkohlenwasserstoffe ab.

# Die chemische Formel

| Kohlenwasserstoff | Formel | Rest | Formel |
|---|---|---|---|
| Methan | $CH_4$ | Methyl- | $CH_3-$ |
| Ethan | $C_2H_6$ | Ethyl- | $C_2H_5-$ |
| Propan | $C_3H_8$ | Propyl- | $C_3H_7-$ |
| Butan | $C_4H_{10}$ | Butyl- | $C_4H_9-$ |
| Pentan | $C_5H_{12}$ | Pentyl- (Amyl-) | $C_5H_{11}-$ |
| Hexan | $C_6H_{14}$ | Hexyl- | $C_6H_{13}-$ |
| Heptan | $C_7H_{16}$ | Heptyl- | $C_7H_{15}-$ |
| Octan | $C_8H_{18}$ | Octyl- | $C_8H_{17}-$ |
| Nonan | $C_9H_{20}$ | Nonyl- | $C_9H_{19}-$ |
| Decan | $C_{10}H_{22}$ | Decyl- | $C_{10}H_{21}-$ |

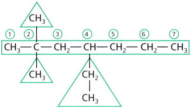

1. Längste Kohlenstoffkette ermitteln und benennen.
2. Verknüpfungsstellen zwischen Haupt- und Seitenketten ermitteln. Hauptkette so durchnummerieren, dass die Verknüpfungsstellen kleinstmögliche Zahlen erhalten.
3. Anzahl der gleichen Seitenketten ermitteln, dafür griechische Zahlwörter einsetzen.
4. Seitenketten benennen und alphabetisch ordnen.

④ – Ethyl – ②,② di – methyl – heptan

## Die chemische Formel

## Lerncheck

| Kapitel „Die chemische Formel" | O.K. ✔ | Das muss ich noch mal lesen |
|---|---|---|
| Ich kann die allgemeine Formel für Säuren, Hydroxide und Salze notieren und beschreiben. | | S. 83 |
| Ich kann die Nomenklaturregeln für anorganische Salze nennen und Beispiele formulieren. | | S. 84, 85 |
| Ich kann den Begriff funktionelle Gruppe definieren. | | S. 86 |
| Ich kann die funktionelle Gruppe für Alkohole, Aldehyde, Ketone und Carbonsäuren benennen und notieren. | | S. 86, 87 |
| Ich kann die Nomenklaturregeln für organische Stoffe nennen und Beispiele formulieren. | | S. 87, 88 |

# 9 Chemische Gesetze

## 9.1 Gesetz von der Erhaltung der Masse

*Bei einer chemischen Reaktion geht weder Masse verloren, noch kommt Masse hinzu.*

**BEISPIEL** Verbrennt man Streichhölzer in einem verschlossenen Reagenzglas, so ist die Gesamtmasse der Stoffe *nach* der Verbrennung genauso groß wie die Gesamtmasse der Stoffe *vor* der Verbrennung.

## 9.2 Gesetz der konstanten Massenverhältnisse

*Bei einer chemischen Reaktion reagieren die beteiligten Stoffe stets in für sie typischen konstanten Massenverhältnissen.*

**BEISPIEL** Bei der Reaktion von Kupfer mit Schwefel verbinden sich die beiden Elemente immer im Massenverhältnis $m_{Cu} : m_S = 3{,}96 : 1$.

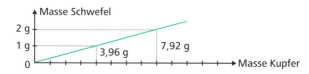

## 9.3 Atomhypothese von Dalton

- *Die kleinsten Teilchen der Materie sind die Atome. Sie sind unteilbar.*
- *Es gibt ebenso viele Atomarten wie Elemente.*
- *Atome verschiedener Elemente unterscheiden sich in ihrer Masse.*
- *Verbinden sich Elemente miteinander, so verbinden sich deren Atome in bestimmten Zahlenverhältnissen.*

## 9.4 Volumengesetz von Gay-Lussac

*Gase reagieren miteinander stets in Volumenverhältnissen kleiner ganzer Zahlen.*

**BEISPIEL** Wasserstoff und Sauerstoff reagieren im Volumenverhältnis 2:1.

2 l Wasserstoff + 1 l Sauerstoff ⟶ 2 l Wasserdampf

## 9.5 Satz von Avogadro

*In einem bestimmten Gasvolumen sind bei gleichen Temperatur- und Druckbedingungen stets gleich viele Teilchen enthalten, unabhängig davon, um welches Gas es sich handelt.*

**BEISPIEL**

Wasserstoff    Sauerstoff    Wasser

## Lerncheck

| Kapitel „Chemische Gesetze" | O.K. ✔ | Das muss ich noch mal lesen |
|---|---|---|
| Ich kann das Gesetz von der Erhaltung der Masse und das Gesetz der konstanten Massenverhältnisse formulieren. | | S. 90 |
| Ich kann das Volumengesetz von Gay-Lussac und den Satz von Avogadro formulieren und anhand eines Beispiels beschreiben. | | S. 91 |

# Atomare und molare Größen

10

## 10.1 Dichte

Jede Stoffportion hat eine bestimmte *Masse* und ein bestimmtes *Volumen*. Die *Dichte* macht eine Aussage darüber, wie „eng" die Teilchen eines Stoffs gepackt sind.

$$\varrho = \frac{m}{V}$$

$\varrho$: Dichte des Stoffs
$m$: Masse der Stoffportion
$V$: Volumen der Stoffportion

Einheit: $[\varrho] = 1\,\frac{\text{kg}}{\text{m}^3}$ bzw. $1\,\frac{\text{g}}{\text{cm}^3}$

**BEACHTE** Die Dichte von Gasen wird meist in der Einheit $[\varrho] = 1$ g/l angegeben.

## 10.2 Atomare Größen

Die Masse eines Atoms ist äußerst klein und – wenn man damit rechnen soll – sehr schwer zu handhaben.

**BEISPIEL** Die Masse eines Kohlenstoffatoms beträgt 0,000 000 000 000 000 000 000 019 926 786 g.

Die *atomare Masseneinheit* 1 u vereinfacht die Handhabung:
1 u = 0,000 000 000 000 000 000 000 001 660 565 5 g.
Sie entspricht 1/12 der Masse eines Kohlenstoffatoms.

**BEISPIEL** Ein Kohlenstoffatom hat die Masse 12 u, ein Schwefelatom hat die Masse 32,1 u.

Bei *Verbindungen* unterscheidet man **Molekülmasse** und **Formelmasse**: Molekülmasse für Molekülverbindungen, Formelmasse bei ionischen Verbindungen. Diese Molekül- bzw. Formelmasse ist die Summe der **Atommassen**.

**BEISPIEL** Ein Molekül Kohlenstoffdioxid ($CO_2$) hat die Masse $1 \times 12$ u $+ 2 \times 16$ u $= 44$ u.
Eine Formeleinheit Natriumchlorid (NaCl) hat die Masse $1 \times 23$ u $+ 1 \times 35,5$ u $= 58,5$ u.

## 10.3 Molare Größen

Als **Stoffmenge** $n$ bezeichnet man eine bestimmte Stoffportion, die in der Einheit 1 Mol angegeben wird.
Einheit: $[n] = 1$ mol (Mol)

„Amtliche" Definition der Einheit 1 Mol:

*Das Mol ist die Stoffmenge eines Systems, das aus ebenso vielen Einzelteilchen besteht, wie in 0,012 kg des Kohlenstoffnuklids $^{12}C$ enthalten sind.*

Eine Stoffmenge von $n = 1$ mol besteht aus
$N = 602\,204\,490\,000\,000\,000\,000\,000$ Teilchen $= 6,02 \cdot 10^{23}$ Teilchen.

**BEISPIEL**

- Kohlenstoff hat eine Atommasse von 12 u. Eine Stoffportion Kohlenstoff von $n = 1$ mol besteht aus $6,02 \cdot 10^{23}$ Kohlenstoffatomen und hat eine Masse von 12 g.

- Kohlenstoffdioxid hat eine Molekülmasse von 44 u. Eine Stoffportion Kohlenstoffdioxid von n = 1 mol besteht aus $6,02 \cdot 10^{23}$ Kohlenstoffdioxidmolekülen und hat eine Masse von 44 g.

- Natriumchlorid hat eine Formelmasse von 58,5 u. Eine Stoffportion Natriumchlorid von $n = 1$ mol besteht aus $6{,}02 \cdot 10^{23}$ Formeleinheiten Natriumchlorid und hat eine Masse von 58,5 g.

Die *molare Masse* $M$ ist eine stoffspezifische, auf die Stoffmenge bezogene Größe:

$$M = \frac{m}{n}$$

$M$: molare Masse eines Stoffes
$m$: Masse der Stoffportion
$n$: Stoffmenge der Stoffportion
Einheit: $[M] = 1$ g/mol

**BEISPIEL** Die molare Masse von Kohlenstoffdioxid beträgt $M = 44$ g/mol.
Die molare Masse von Natriumchlorid beträgt $M = 58{,}5$ g/mol.

Das molare Volumen $V_m$ ist ebenfalls eine stoffspezifische, auf die Stoffmenge bezogene Größe:

$$V_m = \frac{V}{n}$$

$V_m$: molares Volumen
$V$: Volumen der Stoffportion
$n$: Stoffmenge der Stoffportion
Einheit: $[V_m] = 1$ l/mol

Da sich das Volumen einer Stoffportion mit der Temperatur und dem Druck ändert ( ↗ S. 35 f.), ist auch das molare Volumen temperatur- und druckabhängig.

Obwohl man das molare Volumen eines Stoffes für *alle* Aggregatzustände angeben könnte, verwendet man diese Größe meist nur für den *Gaszustand*.

Ideale* Gase haben nach dem Satz von *Avogadro* (↗ S. 91) bei gleicher Temperatur und gleichem Druck dasselbe molare Volumen.

$V_{m,n} = 22{,}4141 \frac{l}{mol}$

$V_{m,n}$ = Normvolumen bei $T = 273{,}16$ K (0 °C)
und $p = 1013$ hPa (Normbedingungen)

Zur Berechnung des molaren Volumens bei anderen Temperaturen und Drücken verwendet man das Gesetz von *Gay-Lussac* (↗ S. 36) bzw. das Gesetz von *Amontons* (↗ S. 36).

**BEISPIEL** Eine Gasportion von $n = 1$ mol hat bei einer Zimmertemperatur von $T = 293{,}16$ K (20 °C) ein Volumen von

$V_{m,293} = V_{m,n} \cdot \frac{293{,}16 \text{ K}}{273{,}16 \text{ K}} = 24{,}06 \frac{l}{mol}$.

## 10.4 Berechnen von Stoffumsätzen

Bei der Herstellung von Stoffen möchte man manchmal wissen, welche Menge an Ausgangsstoffen benötigt wird, um eine bestimmte Menge an Produkten zu erhalten.

$n_a A + n_b B \rightarrow n_c C + n_d D$

A, B: Ausgangsstoffe (Edukte)
C, D: Produkte
$n_a, n_b, n_c, n_d$: Stoffmengen

**BEISPIEL** Bei der Eisenverhüttung in einem Hochofen wird Eisen(III)-oxid mit Kohlenstoffmonooxid reduziert.

$1 \text{ Fe}_2\text{O}_3 + 3 \text{ CO} \rightarrow 2 \text{ Fe} + 3 \text{ CO}_2$

Jeweils 1 mol Eisen(III)-oxid reagiert mit 3 mol Kohlenstoffmonooxid zu 2 mol Eisen und 3 mol Kohlenstoffdioxid.

---

* Ideale Gase sind Gase, deren Teilchen ein vernachlässigbares Volumen haben und sich gegenseitig weder abstoßen noch anziehen.

## Berechnen von Stoffumsätzen

Berechnung *beliebiger* Stoffportionen:

$$\frac{m(A)}{n_A \cdot M(A)} = \frac{m(B)}{n_B \cdot M(B)} = \frac{m(C)}{n_C \cdot M(C)} = \frac{m(D)}{n_D \cdot M(D)}$$

$m(A), m(B), m(C), m(D)$: Massen der Stoffe A, B, C, D
$M(A), M(B), M(C), M(D)$: molare Massen der Stoffe A, B, C, D

**BEISPIEL** Es soll berechnet werden, wie viel Eisen aus 2 t Eisen(III)-oxid hergestellt werden kann.

$n_{\text{Eisenoxid}} = 1 \text{ mol}$

$n_{\text{Eisen}} = 2 \text{ mol}$

$M(\text{Eisenoxid}) = 2 \times 55{,}9 \frac{\text{g}}{\text{mol}} + 3 \times 16 \frac{\text{g}}{\text{mol}} = 159{,}8 \frac{\text{g}}{\text{mol}}$

$M(\text{Eisen}) = 55{,}9 \frac{\text{g}}{\text{mol}}$

$m(\text{Eisenoxid}) = 2 \text{ t}$

$$\frac{m(\text{Eisenoxid})}{n_{\text{Eisenoxid}} \cdot M(\text{Eisenoxid})} = \frac{m(\text{Eisen})}{n_{\text{Eisen}} \cdot M(\text{Eisen})}$$

$$\frac{2 \text{ t}}{1 \text{ mol} \cdot 159{,}8 \frac{\text{g}}{\text{mol}}} = \frac{m_{\text{Eisen}}}{2 \text{ mol} \cdot 55{,}9 \frac{\text{g}}{\text{mol}}}$$

$$m(\text{Eisen}) = \frac{2 \text{ mol} \cdot 55{,}9 \frac{\text{g}}{\text{mol}}}{1 \text{ mol} \cdot 159{,}8 \frac{\text{g}}{\text{mol}}} \cdot 2 \text{ t} \approx 1{,}4 \text{ t}$$

Bei der genannten Reaktion wird eine bestimmte Menge Kohlenstoffmonooxid verbraucht:

$M(\text{CO}) = 1 \times 12 \frac{\text{g}}{\text{mol}} + 1 \times 16 \frac{\text{g}}{\text{mol}} = 28 \frac{\text{g}}{\text{mol}}$

$n_{\text{CO}} = 3 \text{ mol}$

$m(\text{CO}) = \frac{3 \text{ mol} \cdot 28 \text{ g/mol}}{1 \text{ mol} \cdot 159{,}8 \text{ g/mol}} \cdot 2 \text{ t} \approx 1{,}1 \text{ t} = 1100 \text{ kg}$

Mithilfe der Dichte von Kohlenstoffmonooxid kann man das Volumen der umgesetzten Gasportion berechnen:

$\varrho(CO) = 1{,}25 \, \frac{kg}{m^3}$ (bei 0 °C und 1013 hPa)

$\varrho = \frac{m}{V}$

$V = \frac{m}{\varrho} = \frac{1100 \text{ kg}}{1{,}25 \text{ kg/m}^3} = 880 \text{ m}^3$

Bei der Reduktion von 2 t Eisen(III)-oxid werden 880 m³ Kohlenstoffmonooxid umgesetzt.

Atomare und molare Größen

## Lerncheck

| Kapitel „Atomare und molare Größen" | O.K. ✔ | Das muss ich noch mal lesen |
|---|---|---|
| Ich kann aus den Atommassen der in einer Verbindung beteiligten Elemente die Molekülmassen bzw. die Formelmassen berechnen. | | S. 93 |
| Ich kann die molare Masse eines Stoffes berechnen und den Unterschied zur betreffenden Atommasse bzw. Molekülmasse oder Formelmasse erklären. | | S. 94, 95 |
| Ich kann das molare Volumen von Gasen bei Normbedingungen nennen und auf andere Temperatur- und Druckbedingungen umrechnen. | | S. 95 |
| Ich kann die Massen der an einer chemischen Reaktion beteiligten Stoffe anhand der betreffenden Reaktionsgleichung berechnen. | | S. 96–98 |

# 11 Lösungen

## 11.1 Löslichkeit

Lösungen sind homogene Stoffgemische, deren Bestandteile sich mit dem Auge nicht unterscheiden lassen.

Gesättigte Lösungen sind solche, in denen die größtmögliche Menge des gelösten Stoffes enthalten ist.

*Die Löslichkeit* (↗ S. 121 f.) gibt an, wie viel Gramm eines Stoffes sich in 100 g Lösemittel lösen.

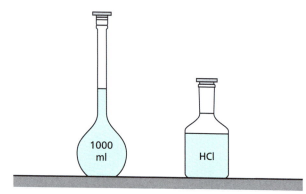

**BEISPIEL** In 100 g Wasser lösen sich bei 20 °C maximal 35,9 g Natriumchlorid (Kochsalz).

**BEACHTE** Die Löslichkeit ist temperatur- und druckabhängig. Sie nimmt im Allgemeinen bei Festkörpern mit steigender Temperatur zu, bei Gasen ab.

## 11.2 Konzentration von Lösungen

Bei Lösungen, deren Konzentration unterhalb der Sättigung ist, gibt es mehrere Möglichkeiten der Darstellung.

Der *Massenanteil* $\omega$ gibt an, wie viel Gramm des gelösten Stoffes in 100 g Lösung enthalten sind:

$$\omega = \frac{m(S)}{m(S) + m(L)}$$

$\omega$: Massenanteil in der Lösung
$m(S)$: Masse des gelösten Stoffes in der Lösung
$m(L)$: Masse des Lösemittels in der Lösung
Einheit: $[\omega] = 1$ g/100 g bzw. %

**BEISPIEL** Die handelsübliche Schwefelsäure ist 98-prozentig. In 100 g Lösung sind also 98 g reine Schwefelsäure enthalten.

Die *Massenkonzentration* $\beta$ gibt an, wie viel Gramm des gelösten Stoffes in 1 Liter Lösung enthalten sind:

$$\beta = \frac{m(S)}{V}$$

$\beta$: Massenkonzentration in der Lösung
$m(S)$: Masse des gelösten Stoffes in der Lösung
$V$: Volumen der Lösung
Einheit: $[\beta] = 1$ g/l

Die *Stoffmengenkonzentration* $c$ gibt an, wie viel Mol des gelösten Stoffes in 1 Liter Lösung enthalten sind:

$$c = \frac{n}{V}$$

$c$: Stoffmengenkonzentration
$n$: Stoffmenge des gelösten Stoffes
$V$: Volumen der Lösung
Einheit: $[c] = 1$ mol/l

Die Stoffmengenkonzentration wird auch als *Molarität* bezeichnet.

**BEISPIEL** Die Bezeichnung 0,1 M-NaOH bedeutet, dass die Natronlauge „0,1-molar" ist: In einem Liter dieser Natronlauge ist 0,1 mol festes Natrium-hydroxid (= 0,1 mol · 40 g/mol = 4 g) gelöst.

## 11.3 Berechnen von Lösungen

Soll die Konzentration einer Lösung verringert werden, muss man sie durch Zugabe von weiterem Lösemittel verdünnen.

$$V_A = V_E \cdot \frac{c_E}{c_A}$$

$V_A$: vorgelegtes Volumen der konzentrierteren Lösung
$V_E$: Endvolumen der verdünnten Lösung
$c_E$: gewünschte Stoffmengenkonzentration
$c_A$: Stoffmengenkonzentration der ursprünglichen Lösung

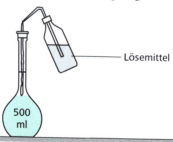

**BEISPIEL** Eine Natronlauge der Konzentration $c_A = 2$ mol/l soll auf eine Konzentration von $c_E = 0,1$ mol/l verdünnt werden. Von der fertigen Lösung benötigt man $V_E = 500$ ml.

$V_A = 500 \text{ ml} \cdot \frac{0,1 \text{ mol/l}}{2 \text{ mol/l}} = 25 \text{ ml}$

Man füllt also 25 ml der konzentrierten Lauge in einen Messkolben und füllt mit Wasser auf 500 ml Gesamtvolumen auf.

Die Konzentration handelsüblicher Lösungen ist meist als Massenanteil (↗ S. 122) angegeben.

**BEISPIEL** Konzentrierte Salzsäure ist 37-prozentig. In 100 g Salzsäure sind demnach 37 g Chlorwasserstoff gelöst.

Das Verdünnen von Lösungen kann auch mithilfe einer Waage erfolgen:

$$m(W) = m(L) \cdot \frac{\omega_A - \omega_E}{\omega_E}$$

$m(W)$: Masse des zuzuführenden Wassers
$m(L)$: Masse der ursprünglichen Lösung
$\omega_A$: Massenanteil der ursprünglichen Lösung in %
$\omega_E$: gewünschter Massenanteil der Lösung in %

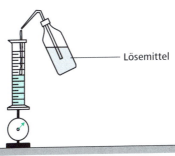
Lösemittel

**BEISPIEL** 10 g einer handelsüblichen konzentrierten Salzsäure ($\omega_A = 37\,\%$) sollen auf $\omega_E = 10\,\%$ verdünnt werden.

$m_{(W)} = 10\,g \cdot \frac{37\,\% - 10\,\%}{10\,\%} = 10\,g \cdot 2{,}7 = 27\,g$

Man wiegt also 27 g Wasser ein und fügt 10 g konzentrierte Salzsäure dazu. Dann erhält man eine 10-prozentige Salzsäure.

## Lerncheck

| Kapitel „Lösungen" | O.K. ✔ | Das muss ich noch mal lesen |
|---|---|---|
| Ich kann die Löslichkeit eines Stoffes definieren. | | S. 100 |
| Ich kann die Begriffe „Massenanteil", „Massenkonzentration" und „Stoffmengenkonzentration" definieren. | | S. 101 |
| Ich kann Massenanteile und Konzentrationen von Lösungen berechnen. | | S. 102, 103 |
| Ich kann berechnen, auf welche Weise man den Massenanteil bzw. die Konzentration von Lösungen verändern kann. | | S. 103 |

# Oxidation und Reduktion

## 12.1 Definition (vorläufig)

*Oxidation* ist die Reaktion eines Stoffs mit Sauerstoff zu einer Sauerstoffverbindung.

*Reduktion* ist eine Reaktion, bei der einer Sauerstoffverbindung Sauerstoff entzogen wird.

### BEISPIEL
- Magnesium reagiert mit Sauerstoff zu Magnesiumoxid: Magnesium wird oxidiert. $2\,Mg + O_2 \rightarrow 2\,MgO$
- Wasserstoff entzieht Kupferoxid den Sauerstoff: Dabei wird das Kupferoxid reduziert und der Wasserstoff oxidiert. $CuO + H_2 \rightarrow Cu + H_2O$

**BEACHTE** Jede Reduktion wird begleitet von einer *gleichzeitigen* Oxidation und umgekehrt. Beide Reaktionen zusammengefasst nennt man *Redoxreaktion*.

## 12.2 Definition (erweitert)

*Oxidation* ist eine Reaktion, bei der sich ein Teilchen unter Elektronen*abgabe* in ein anderes Teilchen umwandelt.

*Reduktion* ist eine Reaktion, bei der sich ein Teilchen unter Elektronen*aufnahme* in ein anderes Teilchen umwandelt.

**BEISPIEL** Magnesium reagiert mit Sauerstoff zu Magnesiumoxid: Die Magnesiumatome *geben* Elektronen *ab* und werden zu Magnesium-Ionen *oxidiert*.

Die Sauerstoffatome *nehmen* diese Elektronen *auf* und werden zu Sauerstoff-Ionen *reduziert*:

| | | |
|---|---|---|
| $2\,Mg$ | $\rightarrow 2\,Mg^{2+} + 4\,e^-$ | Oxidation |
| $O_2 + 4\,e^-$ | $\rightarrow 2\,O^{2-}$ | Reduktion |
| $2\,Mg + O_2$ | $\rightarrow 2\,MgO$ | Redoxreaktion |

Die erweiterte Definition von Oxidation kann auch verwendet werden, wenn *kein* Sauerstoff an der Reaktion beteiligt ist.

**BEISPIEL** Natrium reagiert mit Chlor zu Natriumchlorid. Natriumatome werden dabei unter Elektronenabgabe zu Natrium-Ionen oxidiert, Chloratome unter Elektronenaufnahme zu Chlorid-Ionen reduziert.

$2\,Na + Cl_2 \rightarrow 2\,NaCl$

## 12.3 Oxidationszahlen

Die *Oxidationszahl* bezeichnet die tatsächliche bzw. formale Ladung eines Atoms innerhalb einer Verbindungseinheit. Sie wird durch eine römische Ziffer mit vorangestellter Ladung gekennzeichnet.

> Atome und Moleküle von Elementen, die nicht mit anderen Stoffen verbunden sind, haben die Oxidationszahl ± 0.

**BEISPIEL** $Mg, Fe, O_2, H_2, Cl_2$

> Die Oxidationszahl von einatomigen Ionen in *Ionenverbindungen* entspricht ihrer jeweiligen tatsächlichen Ladung.

**BEISPIEL** Im Magnesiumchlorid hat $Mg^{2+}$ die Oxidationszahl +2, $Cl^-$ hat die Oxidationszahl –1.

$\overset{+2}{Mg}{}^{2+}, \overset{-1}{Cl}{}^{-}$

> Bei Atomen in *Molekülverbindungen* wird die negative Ladung formal dem jeweils elektronegativeren (↗ S. 121) Partner zugeordnet. Die Oxidationszahl des gesuchten Elements ergibt sich aus der *Summe* der restlichen Oxidationszahlen.

**BEACHTE** Sauerstoff hat in der Regel die Oxidationszahl $-2$ und Wasserstoff die Oxidationszahl $+1$.

**BEISPIEL** Im Kohlenstoffdioxid $CO_2$ hat Sauerstoff die Oxidationszahl $-2$, Kohlenstoff folglich die Oxidationszahl $+4$. Bei Schwefelwasserstoff $H_2S$ hat Wasserstoff die Oxidationszahl $+1$, Schwefel folglich die Oxidationszahl $2 \times (-1) = -2$.

$$\overset{+4}{C}\overset{2\times(-2)=-4}{O_2} \qquad \overset{2\times(+1)=+2}{H_2}\overset{-2}{S}$$

> Die Summe der Oxidationszahlen aller Atome einer Verbindung ist *Null*.

Damit lässt sich die Oxidationszahl eines beliebigen Atoms in einem Molekül berechnen: Sie ergibt sich aus der Summe der restlichen Oxidationszahlen mit dem umgekehrten Vorzeichen.

**BEISPIEL** Bei der Schwefelsäure $H_2SO_4$ ist Sauerstoff gegenüber Schwefel *elektronegativer*, Wasserstoff gegenüber Schwefel jedoch *elektropositiver*. Die Summe der „Ladungen" von Wasserstoff und Sauerstoff ist $-6$.

$2 \times (+1) + 4 \times (-2) = -6$. Daher ist die Oxidationszahl von Schwefel in der Schwefelsäure $+6$.

$$\overset{+1}{H}-\overset{-2}{O}\diagdown\overset{+6}{S}\diagup\overset{-2}{O}$$
$$\overset{+1}{H}-\overset{-2}{O}\diagup\phantom{S}\diagdown\overset{-2}{O}$$

> In elektrisch *geladenen* Molekül-Ionen entspricht die Ladung des Ions der Summe der Oxidationszahlen aller miteinander verbundenen Atome.

**BEISPIEL** Im Ammonium-Ion $NH_4^+$ hat Stickstoff die Oxidationszahl $-3$, im Nitrat-Ion $NO_3^-$ die Oxidationszahl $+5$:

$$\left[\begin{array}{c} \overset{+1}{H} \\ \overset{+1}{H}-\overset{-3}{N}-\overset{+1}{H} \\ | \\ \underset{+1}{H} \end{array}\right]^{\oplus} \qquad \left[\begin{array}{c} \overset{-2}{O} \\ \overset{-2}{|O|}-\overset{+5}{N} \diagdown \\ \underset{-2}{O} \end{array}\right]^{\ominus}$$

In den Molekülen von organischen Stoffen wird den miteinander verbundenen Kohlenstoffatomen ebenfalls eine Oxidationszahl zugeordnet.

> Kohlenstoff ist gegenüber Wasserstoff *elektronegativer* und gegenüber Sauerstoff *elektropositiver*. Zwischen den Kohlenstoffatomen in einer C–C-Kette wird *keine* Ladungszuordnung vorgenommen.

**BEISPIEL** Im Ethanol besteht die Kohlenstoffkette aus zwei Kohlenstoffatomen. Am ersten ist die Summe der „Ladungen" von Wasserstoff +3. Die Oxidationszahl dieses Kohlenstoffatoms ist demnach −3. Am zweiten Kohlenstoffatom ist die Summe der „Ladungen" von Wasserstoff und Sauerstoff +1. Die Oxidationszahl dieses Kohlenstoffatoms ist daher −1.

$$\overset{+1}{H}\phantom{-}\overset{+1}{H}\phantom{-\overset{-2}{O}-}$$
$$\overset{+1}{H}-\overset{-3}{\underset{|}{C}}-\overset{-1}{\underset{|}{C}}-\overset{-2}{\underline{O}}-\overset{+1}{H}$$
$$\underset{+1}{H}\phantom{-}\underset{+1}{H}$$

**BEACHTE** Bei einer *Oxidation* wird die Oxidationszahl *erhöht*, bei einer *Reduktion* wird die Oxidationszahl *erniedrigt*.

## Lerncheck

| Kapitel „Oxidation und Reduktion" | O.K. ✓ | Das muss ich noch mal lesen |
|---|---|---|
| Ich kann die Begriffe „Oxidation", „Reduktion" sowie „Redoxreaktion" auf der Teilchenebene definieren. | | S. 105 |
| Ich kann den Begriff „Oxidationszahl" definieren. | | S. 106 |
| Ich kann die Oxidationszahl von Elementen und einatomigen Ionen benennen. | | S. 106 |
| Ich kann die Oxidationszahl von Elementen in Molekülverbindungen berechnen. | | S. 107 |
| Ich kann die Oxidationszahl von Kohlenstoff in organischen Verbindungen berechnen. | | S. 107 |
| Ich kann die Änderung der Oxidationszahl von Elementen in einer Verbindung mit einer Oxidation bzw. einer Reduktion verknüpfen. | | S. 108 |

# 13 Tabellen

## 13.1 Naturkonstanten

| Zahl, Konstante | Symbol | Betrag und Einheit |
|---|---|---|
| atomare Masseneinheit | 1 u | $1{,}6605402 \cdot 10^{-27}$ kg |
| Avogadro-Konstante Loschmidt-Zahl | $N_A$ ($N_L$) | $6{,}0221367 \cdot 10^{23}$ mol$^{-1}$ |
| Elementarladung | $e$ | $1{,}60217733 \cdot 10^{-19}$ C |
| Lichtgeschwindigkeit im Vakuum | $c_0$ | $2{,}99792458 \cdot 10^{8}$ m·s$^{-1}$ |
| Masseverhältnis Proton/Elektron | $\frac{m(p^+)}{m(e^-)}$ | $1836{,}1527$ |
| molares Volumen idealer Gase bei Normbedingungen (Normbedingungen: $T_n = 273{,}15$ K, $p_n = 1013{,}25$ hPa) | $V_{m,n}$ | $22{,}41410 \; \frac{l}{mol}$ |
| mittlere Fallbeschleunigung (Ortsfaktor) | $g_n$ | $9{,}80665$ m·s$^{-2}$ (N · kg$^{-1}$) |
| absoluter Nullpunkt | $T_0$ | 0 K $\triangleq$ $-273{,}15$ °C |
| Masse des  Neutrons<br>Protons<br>Elektrons | $m(n^0)$<br>$m(p^+)$<br>$m(e^-)$ | $1{,}6749286 \cdot 10^{-27}$ kg<br>$1{,}6726231 \cdot 10^{-27}$ kg<br>$9{,}1093897 \cdot 10^{-31}$ kg |
| universelle Gaskonstante | $R$ | $8{,}314510$ J·K$^{-1}$· mol$^{-1}$ |

## 13.2 Mechanische Daten

Die folgenden Tabellen zeigen die Dichten von Festkörpern, Flüssigkeiten und Gasen.

## Dichten von Festkörpern bei 20 °C

| Stoff | $\varrho$ in $\frac{g}{cm^3}$ | Stoff | $\varrho$ in $\frac{g}{cm^3}$ | Stoff | $\varrho$ in $\frac{g}{cm^3}$ |
|---|---|---|---|---|---|
| Aluminium | 2,7 | Gold | 19,3 | Papier | 0,7 … 1,3 |
| Blei | 11,3 | Holz: Buche | 0,7 | Platin | 21,5 |
| Kohlenstoff Diamant | 3,5 | Holz: Eiche | 0,9 | Silber | 10,5 |
| Kohlenstoff Graphit | 2,3 | Holz: Fichte | 0,5 | Styropor | 0,015 |
| Eis (bei 0 °C) | 0,92 | Holz: Kiefer | 0,5 | Ziegel | 1,4 … 1,9 |
| Eisen | 7,86 | Kupfer | 8,96 | Zink | 7,13 |
| Glas | 2,4 … 2,6 | Messing | 8,4 | Zinn | 7,28 |

## Dichten von Flüssigkeiten bei 20 °C

| Stoff | $\varrho$ in $\frac{g}{cm^3}$ | Stoff | $\varrho$ in $\frac{g}{cm^3}$ | Stoff | $\varrho$ in $\frac{g}{cm^3}$ |
|---|---|---|---|---|---|
| Benzin | 0,70 … 0,74 | Methanol | 0,79 | Wasser: destilliert | 1,00 |
| Dieselkraftstoff | 0,84 | Petroleum | 0,81 | Wasser: Meerwasser | 1,02 |
| Rohöl | 0,7 … 0,9 | Quecksilber | 13,55 | | |
| Ethanol | 0,79 | Spiritus | 0,83 | | |

## Dichten von Gasen bei 20 °C

| Stoff | $\varrho$ in $\frac{g}{cm^3}$ | Stoff | $\varrho$ in $\frac{g}{cm^3}$ | Stoff | $\varrho$ in $\frac{g}{cm^3}$ |
|---|---|---|---|---|---|
| Ammoniak | 0,77 | Kohlenstoffmonoxid | 1,25 | Sauerstoff | 1,43 |
| Erdgas | 0,73 … 0,83 | Luft | 1,29 | Stickstoff | 1,25 |
| Helium | 0,18 | Propan | 2,01 | Wasserstoff | 0,09 |
| Kohlenstoffdioxid | 1,98 | | | | |

## Reibungszahlen

| Reibungspartner | Reibungszahlen | |
|---|---|---|
| | $\mu_{Haft}$ | $\mu_{Gleit}$ |
| Holz auf Stein | 0,70 | 0,30 |
| Holz auf Holz | 0,50 | 0,30 |
| Stahl auf Stahl | 0,15 | 0,12 |
| Stahl auf Stahl (geschmiert) | 0,10 | 0,05 |
| Stahl auf Eis | 0,03 | 0,01 |
| Autoreifen auf trockenem Asphalt | 1,00 | 0,90 |
| Autoreifen auf nassem Asphalt | 0,80 | 0,60 |
| Autoreifen auf vereistem Asphalt | 0,20 | 0,10 |
| M-und-S-Reifen auf Eis | 0,40 | 0,16 |

## Schallgeschwindigkeit

| Stoff (bei 20 °C) | $c$ in $\frac{m}{s}$ | Stoff (bei 20 °C) | $c$ in $\frac{m}{s}$ |
|---|---|---|---|
| Beton | 3900 | Meerwasser | 1522 |
| Holz | ca. 3300 | Stahl | 5000 |
| Glas | 4000–4500 | Wasser | 1483 |
| Luft | 344 | Ziegelstein | 3100 |
| Marmor | 5300 | | |

## 13.3 Thermische Daten

**Thermische Ausdehnungskoeffizienten von Festkörpern (Längenänderung) (bei 20 °C)**

| Stoff | $\alpha$ in $\frac{1}{K}$ | Stoff | $\alpha$ in $\frac{1}{K}$ |
|---|---|---|---|
| Aluminium | 0,000 024 | Nickel | 0,000 013 |
| Beton | 0,000 012 | Normalglas | 0,000 009 |
| Blei | 0,000 029 | Schienenstahl | 0,000 0115 |

| Stoff | $\alpha$ in $\frac{1}{K}$ | Stoff | $\alpha$ in $\frac{1}{K}$ |
|---|---|---|---|
| Gold | 0,000 014 | Zinn | 0,000 027 |
| Kupfer | 0,000 017 | Zink | 0,000 026 |
| Messing | 0,000 018 | | |

## Thermische Ausdehnungskoeffizienten von Flüssigkeiten (Volumenänderung) (bei 20 °C)

| Stoff | $\gamma$ in $\frac{1}{K}$ | Stoff | $\gamma$ in $\frac{1}{K}$ |
|---|---|---|---|
| Alkohol | 0,001 10 | Heizöl | ca. 0,000 90 |
| Benzin | 0,001 06 | Quecksilber | 0,000 18 |
| Benzol | 0,001 23 | Wasser | 0,000 21 |
| Glycerin | 0,000 50 | | |

## Spezifische Wärmekapazität einiger Stoffe (bei 20 °C)

| Stoff | $c$ in $\frac{kJ}{kg \cdot K}$ | Stoff | $c$ in $\frac{kJ}{kg \cdot K}$ |
|---|---|---|---|
| Aluminium | 0,89 | Marmor | 0,80 |
| Beton | 0,84 | Milch | 3,90 |
| Blei | 0,13 | Nickel | 0,44 |
| Eisen | 0,45 | Platin | 0,13 |
| Glas | 0,80 | Sand | 0,84 |
| Glycerin | 2,39 | Silber | 0,24 |
| Gold | 0,13 | Spiritus | 2,43 |
| Granit | 0,75 | Stahl | 0,42–0,50 |
| Holz | ca. 1,50 | Styropor | 1,50 |
| Kork | ca. 1,90 | Wasser | 4,18 |
| Kunststoff | 1,3–2,1 | Ziegelstein | 0,84 |
| Kupfer | 0,38 | Zink | 0,39 |
| Luft | 1,01 | Zinn | 0,23 |

## Zustandsänderung einiger Stoffe

| Stoff | Schmelz-temperatur in °C | Spezifische Schmelzwärme in $\frac{kJ}{kg}$ | Siedetemperatur (bei 1013 hP) in °C | Spezifische Verdampfungswärme in $\frac{kJ}{kg}$ |
|---|---|---|---|---|
| Aluminium | 659 | 397 | 2 447 | 10900 |
| Blei | 327 | 23,0 | 1 750 | 8 600 |
| Diamant | ca. 3 800 | ca. 17 000 | – | – |
| Eisen | 1 535 | 277 | 2 730 | 6 340 |
| Ethanol | –114 | 108 | 78,3 | 840 |
| Glycerin | 18.4 | 201 | 291 | |
| Gold | 1 063 | 65,7 | 2 707 | 1650 |
| Kupfer | 1 083 | 205 | 2 590 | 4790 |
| Luft | –213 | | –194 | 205 |
| Nickel | 1 453 | 303 | 2 800 | 6480 |
| Propan | –190 | | –42 | 426 |
| Quecksilber | 238.9 | 11,8 | 357 | 285 |
| Sauerstoff | –219 | 13,8 | –183 | 213 |
| Silber | 961 | 104 | –210 | 2 357 |
| Stickstoff | 2 210 | 26,0 | –196 | 198 |
| Wasser | 0 | 334 | 100 | 2 256 |
| Wasserstoff | –259 | 59 | –253 | 455 |
| Wolfram | 3 380 | 192 | ca. 5 500 | 4 350 |
| Zink | 420 | 107 | 907 | 1 755 |
| Zinn | 232 | 59,6 | 2 430 | 2 450 |

## 13.4 Elektrische Daten

### Spezifischer elektrischer Widerstand bei 20 °C

| Stoff | $\varrho$ in $\frac{\Omega \cdot mm^2}{m}$ | Stoff | $\varrho$ in $\frac{\Omega \cdot mm^2}{m}$ |
|---|---|---|---|
| Aluminium | 0,027 | Messing | 0,08 |
| Blei | 0,208 | Nickel | 0,087 |
| Eisen | 0,10 | Platin | 0,107 |
| Germanium | 900 | Porzellan | $10^{15}$ |
| Glas | $10^{13}$–$10^{17}$ | Quecksilber | 0,96 |
| Gold | 0,022 | Silber | 0,016 |
| Graphit | 8,00 | Silicium (dotiert) | $10^3$ |
| Holz (trocken) | $10^{10}$–$10^{15}$ | Wasser (destill.) | $10^{10}$ |
| Kohle (Bürsten) | 40 | Wolfram | 0,055 |
| Konstantan | 0,50 | Zink | 0,061 |
| Kupfer | 0,017 | | |

### Temperaturabhängigkeit des spezifischen Widerstands

| Stoff | Änderung in $\frac{\%}{K}$ | Stoff | Änderung in $\frac{\%}{K}$ |
|---|---|---|---|
| Aluminium | 0,47 | Silber | 0,41 |
| Eisen | 0,66 | Wolfram | 0,18 |
| Kupfer | 0,43 | Konstantan | 0,003 |
| Platin | 0,39 | Kohle | −0,5 |

# Widerstandscode

| Farbe | 1. Ring | 2. Ring | 3. Ring | 4. Ring |
|---|---|---|---|---|
| schwarz | 0 | 0 | | |
| braun | 1 | 1 | 0 | ± 1 % |
| rot | 2 | 2 | 00 | ± 2 % |
| orange | 3 | 3 | 000 | |
| gelb | 4 | 4 | 0000 | |
| grün | 5 | 5 | 00000 | |
| blau | 6 | 6 | 000000 | |
| violett | 7 | 7 | | |
| grau | 8 | 8 | | |
| weiß | 9 | 9 | | |
| gold | | | | ± 5 % |
| silber | | | | ± 10 % |

Fehlt der 4. Ring: ± 20 %

## 13.5 Kernphysikalische Daten

### Isotopentabelle

| Nuklid | Halbwertszeit | Zerfallsart | Nuklid | Halbwertszeit | Zerfallsart |
|---|---|---|---|---|---|
| Barium Ba-140 | 12,8 d | $\beta, \gamma$ | Protactinium Pa-231 | $3,4 \cdot 10^4$ a | $\alpha, \gamma$ |
| Blei Pb-209 | 3,3 h | $\beta, \gamma$ | Protactinium Pa-234 | 6,7 h | $\beta, \gamma$ |
| Blei Pb-210 | 22,3 a | $\beta, \gamma$ | Radium Ra-223 | 11,4 d | $\alpha, \gamma$ |
| Blei Pb-211 | 36 min | $\beta, \gamma$ | Radium Ra-224 | 3,6 d | $\alpha, \gamma$ |
| Blei Pb-212 | 10,6 h | $\beta, \gamma$ | Radium Ra-226 | 1601 a | $\alpha, \gamma$ |
| Blei Pb-214 | 27 min | $\beta, \gamma$ | Radium Ra-228 | 5,8 a | $\beta, \gamma$ |
| Caesium Cs-134 | 2,1 a | $\beta, \gamma$ | Radon Rn-220 | 55 s | $\alpha, \gamma$ |
| Caesium Cs-137 | 30 a | $\beta, \gamma$ | Radon Rn-222 | 3,82 d | $\alpha, \gamma$ |
| Cobalt Co-60 | 5,26 a | $\beta, \gamma$ | Strontium Sr-90 | 28,5 a | $\beta$ |
| Francium Fr-223 | 22 min | $\alpha, \gamma$ | Thorium Th-227 | 18,5 d | $\alpha, \gamma$ |
| Iod I-131 | 8,08 d | $\beta, \gamma$ | Thorium Th-228 | 1,91 a | $\alpha, \gamma$ |
| Kalium K-40 | $1,3 \cdot 10^9$ a | $\beta, \gamma$ | Thorium Th-229 | $7 \cdot 10^3$ a | $\alpha, \gamma$ |
| Kohlenstoff C-14 | 5730 a | $\beta, \gamma$ | Thorium Th-231 | 25 h | $\beta, \gamma$ |
| Neptunium Np-239 | 2,3 d | $\beta, \gamma$ | Thorium Th-232 | $1,41 \cdot 10^{10}$ a | $\beta$ |
| Plutonium Pu-239 | $2,44 \cdot 10^4$ a | $\alpha, \gamma$ | Thorium Th-234 | 24 h | $\alpha, \gamma$ |
| Polonium Po-210 | 138,4 d | $\alpha, \gamma$ | Tritium H-3 | 12,3 a | $\beta$ |
| Polonium Po-211 | 0,5 a | $\alpha, \gamma$ | Uran U-234 | $2,5 \cdot 10^5$ a | $\alpha, \gamma$ |
| Polonium Po-216 | 0,15 s | $\alpha, \gamma$ | Uran U-235 | $7,1 \cdot 10^8$ a | $\alpha, \gamma$ |
| Polonium Po-218 | 3 min | $\alpha, \gamma$ | Uran U-238 | $4,5 \cdot 10^9$ a | $\alpha, \gamma$ |

s ≙ Sekunden; min ≙ Minuten; h ≙ Stunden; d ≙ Tage; a ≙ Jahre

# Zerfallsreihen

| Uran-Radium-Reihe | Thoriumreihe | Uran-Actinium-Reihe | Neptuniumreihe |
|---|---|---|---|
| $^{238}_{92}U$ | $^{232}_{90}Th$ | $^{235}_{92}U$ | $^{241}_{94}Pu$ |
| $\downarrow \alpha$ | $\downarrow \alpha$ | $\downarrow \alpha$ | $\downarrow \beta$ |
| $^{234}_{90}Th$ | $^{228}_{88}Ra$ | $^{231}_{90}Th$ | $^{241}_{95}Am$ |
| $\downarrow \beta$ | $\downarrow \beta$ | $\downarrow \beta$ | $\downarrow \alpha$ |
| $^{234}_{91}Pa$ | $^{228}_{89}Ac$ | $^{231}_{91}Pa$ | $^{237}_{93}Np$ |
| $\downarrow \beta$ | $\downarrow \beta$ | $\downarrow \alpha$ | $\downarrow \alpha$ |
| $^{234}_{92}U$ | $^{228}_{90}Th$ | $^{227}_{89}Ac$ | $^{233}_{91}Pa$ |
| $\downarrow \alpha$ | $\downarrow \alpha$ | $\beta \swarrow \quad \searrow \alpha$ | $\downarrow \beta$ |
| $^{230}_{90}Th$ | $^{224}_{88}Ra$ | $^{227}_{90}Th \quad ^{223}_{87}Fr$ | $^{233}_{92}U$ |
| $\downarrow \alpha$ | $\downarrow \alpha$ | $\alpha \searrow \quad \swarrow \beta$ | $\downarrow \alpha$ |
| $^{226}_{88}Ra$ | $^{220}_{86}Rn$ | $^{223}_{88}Ra$ | $^{229}_{90}Th$ |
| $\downarrow \alpha$ | $\downarrow \alpha$ | $\downarrow \alpha$ | $\downarrow \alpha$ |
| $^{222}_{86}Rn$ | $^{216}_{84}Po$ | $^{219}_{86}Rn$ | $^{225}_{88}Ra$ |
| $\downarrow \alpha$ | $\alpha \swarrow \quad \searrow \beta$ | $\downarrow \alpha$ | $\downarrow \beta$ |
| $^{218}_{84}Po$ | $^{212}_{82}Pb \quad ^{216}_{85}At$ | $^{215}_{84}Po$ | $^{225}_{89}Ac$ |
| $\alpha \swarrow \quad \searrow \beta$ | $\beta \searrow \quad \swarrow \alpha$ | $\alpha \swarrow \quad \searrow \beta$ | $\downarrow \alpha$ |
| $^{214}_{82}Pb \quad ^{218}_{85}At$ | $^{212}_{83}Bi$ | $^{211}_{82}Pb \quad ^{215}_{85}At$ | $^{221}_{87}Fr$ |
| $\beta \searrow \quad \swarrow \alpha$ | $\beta \swarrow \quad \searrow \alpha$ | $\beta \searrow \quad \swarrow \alpha$ | $\downarrow \alpha$ |
| $^{214}_{83}Bi$ | $^{212}_{84}Po \quad ^{208}_{81}Tl$ | $^{211}_{83}Bi$ | $^{217}_{85}At$ |
| $\beta \swarrow \quad \searrow \alpha$ | $\alpha \searrow \quad \swarrow \beta$ | $\beta \swarrow \quad \searrow \alpha$ | $\downarrow \alpha$ |
| $^{214}_{84}Po \quad ^{210}_{81}Tl$ | $^{208}_{82}Pb$ | $^{211}_{84}Po \quad ^{207}_{81}Tl$ | $^{213}_{83}Bi$ |
| $\alpha \searrow \quad \swarrow \beta$ | | $\alpha \searrow \quad \swarrow \beta$ | $\beta \swarrow \quad \searrow \alpha$ |
| $^{210}_{82}Pb$ | | $^{207}_{82}Pb$ | $^{213}_{84}Po \quad ^{209}_{81}Tl$ |
| $\downarrow \beta$ | | | $\alpha \searrow \quad \swarrow \beta$ |
| $^{210}_{83}Bi$ | | | $^{209}_{82}Pb$ |
| $\beta \swarrow \quad \searrow \alpha$ | | | $\downarrow \beta$ |
| $^{210}_{84}Po \quad ^{206}_{81}Tl$ | | | $^{209}_{83}Bi$ |
| $\alpha \searrow \quad \swarrow \beta$ | | | |
| $^{206}_{82}Pb$ | | | |

# 13.6 Chemische Elemente

## Elementnamen und Symbole

| Element | Symbol | Oz* | Element | Symbol | Oz* |
|---|---|---|---|---|---|
| Actinium | Ac | 89 | Einsteinium | Es | 99 |
| Aluminium | Al | 13 | Eisen | Fe | 26 |
| Americium | Am | 95 | Erbium | Er | 68 |
| Antimon | Sb | 51 | Europium | Eu | 63 |
| Argon | Ar | 18 | Fermium | Fm | 100 |
| Arsen | As | 33 | Fluor | F | 9 |
| Astat | At | 85 | Francium | Fr | 87 |
| Barium | Ba | 56 | Gadolinium | Gd | 64 |
| Berkelium | Bk | 97 | Gallium | Ga | 31 |
| Beryllium | Be | 4 | Germanium | Ge | 32 |
| Bismut | Bi | 83 | Gold | Au | 79 |
| Blei | Pb | 82 | Hahnium | Hn | 105 |
| Bohrium | Bh | 107 | Hafnium | Hf | 72 |
| Bor | B | 5 | Helium | He | 2 |
| Brom | Br | 35 | Holmium | Ho | 67 |
| Cadmium | Cd | 48 | Indium | In | 49 |
| Caesium | Cs | 55 | Iod | I | 53 |
| Calcium | Ca | 20 | Iridium | Ir | 77 |
| Californium | Cf | 98 | Joliotium | Jl | 108 |
| Cer | Ce | 58 | Kalium | K | 19 |
| Chlor | Cl | 17 | Kohlenstoff | C | 6 |
| Chrom | Cr | 24 | Krypton | Kr | 36 |
| Cobalt | Co | 27 | Kupfer | Cu | 29 |
| Curium | Cm | 96 | Lanthan | La | 57 |
| Dubnium | Db | 104 | Lawrencium | Lr | 103 |
| Dysprosium | Dy | 66 | Lithium | Li | 3 |

*Oz = Ordungszahl

| Element | Symbol | Oz* | Element | Symbol | Oz* |
|---|---|---|---|---|---|
| Lutetium | Lu | 71 | Rutherfordium | Rf | 106 |
| Magnesium | Mg | 12 | Samarium | Sm | 62 |
| Mangan | Mn | 25 | Sauerstoff | O | 8 |
| Meitnerium | Mt | 109 | Scandium | Sc | 21 |
| Mendelevium | Md | 101 | Schwefel | S | 16 |
| Molybdaen | Mo | 42 | Selen | Se | 34 |
| Natrium | Na | 11 | Silber | Ag | 47 |
| Neodyn | Nd | 60 | Silicium | Si | 14 |
| Neon | Ne | 10 | Stickstoff | N | 7 |
| Neptunium | Np | 93 | Strontium | Sr | 38 |
| Nickel | Ni | 28 | Tantal | Ta | 73 |
| Niob | Nb | 41 | Technetium | Tc | 43 |
| Nobelium | No | 102 | Tellur | Te | 52 |
| Osmium | Os | 76 | Terbium | Tb | 65 |
| Palladium | Pd | 46 | Thallium | Tl | 81 |
| Phosphor | P | 15 | Thorium | Th | 90 |
| Platin | Pt | 78 | Thulium | Tm | 69 |
| Plutonium | Pu | 94 | Titan | Ti | 22 |
| Polonium | Po | 84 | Uran | U | 92 |
| Praseodym | Pr | 59 | Vanadium | V | 23 |
| Promethium | Pm | 61 | Wasserstoff | H | 1 |
| Quecksilber | Hg | 80 | Wolfram | W | 74 |
| Radium | Ra | 88 | Xenon | Xe | 54 |
| Radon | Rn | 86 | Ytterbium | Yb | 70 |
| Rhenium | Re | 75 | Yttrium | Y | 39 |
| Rhodium | Rh | 45 | Zink | Zn | 30 |
| Rubidium | Rb | 37 | Zinn | Sn | 50 |
| Ruthenium | Ru | 44 | Zirconium | Zr | 40 |

*Oz = Ordungszahl

## Elektronegativitäten

| Element | EN | Element | EN |
|---|---|---|---|
| Wasserstoff | 2,1 | Kohlenstoff | 2,5 |
| Natrium | 0,9 | Stickstoff | 3,0 |
| Kalium | 0,8 | Sauerstoff | 3,5 |
| Caesium | 0,7 | Schwefel | 2,5 |
| Magnesium | 1,2 | Fluor | 4,0 |
| Calcium | 1,0 | Chlor | 3,0 |
| Aluminium | 1,5 | Brom | 2,8 |

## Redoxreihe (inkl. Wasserstoff)

## 13.7 Lösungen

### Löslichkeiten verschieden Stoffe in Wasser bei 20 °C
Angaben in g/100 g Wasser

|  | $Cl^-$ | $Br^-$ | $I^-$ |
|---|---|---|---|
| $Na^+$ | 35,85 | 90,5 | 179,3 |
| $K^+$ | 34,35 | 65,6 | 144,5 |
| $NH_4^+$ | 37,4 | 73,9 | 172,0 |
| $Ba^{2+}$ | 35,7 | 104,0 | 170,0 |
| $Mg^{2+}$ | 54,25 | 102,0 | 148,1 |
| $Ca^{2+}$ | 74,5 | 142,0 | 204,0 |
| $Zn^{2+}$ | 367,0 | 447,0 | 432,0 |
| $Pb^{2+}$ | 0,97 | 0,84 | 0,07 |
| $Cu^{2+}$ | 77,0 | 122,0 | – |
| $Ag^+$ | $1,5 \cdot 10^{-4}$ | $1,2 \cdot 10^{-5}$ | $2,5 \cdot 10^{-7}$ |

## Löslichkeiten verschieden Stoffe in Wasser bei 20

Angaben in g/100 g Wasser

|  | $NO_3^-$ | $SO_4^{2-}$ | $CO_3^{2-}$ | $PO_4^{3-}$ |
|---|---|---|---|---|
| $Na^+$ | 88,0 | 19,08 | 21,58 | 12,1 |
| $K^+$ | 31,5 | 11,15 | 111,5 | 32,0 |
| $NH_4^+$ | 187,7 | 75,4 | 100,0 | 20,3 |
| $Ba^{2+}$ | 9,03 | $2,3 \cdot 10^{-4}$ | $2 \cdot 10^{-3}$ | – |
| $Mg^{2+}$ | 70,5 | 35,6 | 0,18 | – |
| $Ca^{2+}$ | 127,0 | 0,2 | $1,5 \cdot 10^{-3}$ | $1,9 \cdot 10^{-2}$ |
| $Zn^{2+}$ | 117,5 | 53,8 | $2 \cdot 10^{-2}$ | – |
| $Pb^{2+}$ | 52,5 | $4,2 \cdot 10^{-3}$ | $1,7 \cdot 10^{-4}$ | $1,3 \cdot 10^{-5}$ |
| $Cu^{2+}$ | 121,9 | 21,1 | – | – |
| $Ag^+$ | 215,5 | 0,74 | $3 \cdot 10^{-3}$ | $6,5 \cdot 10^{-4}$ |

## Konzentration handelsüblicher Säuren und Lösungen

| Lösung | Formel | Massenanteil $\omega$ in % |
|---|---|---|
| Salzsäure | HCl | 36–37 |
| Salpetersäure | $HNO_3$ | 65 |
| Schwefelsäure | $H_2SO_4$ | 96–98 |
| Phosphorsäure | $H_3PO_4$ | 85 |
| Essigsäure | $CH_3COOH$ | 99 |
| Natronlauge | NaOH | 30 |
| Kalilauge | KOH | 27 |
| Ammoniakwasser | $NH_3$ | 25 |

## Lösungen mit verschiedenen pH-Werten

| Beispiel | pH-Wert | Beispiel | pH-Wert |
|---|---|---|---|
| Magensaft | 1,8–4,0 | reines Wasser | 7,0 |
| Essig | 2,2–3,4 | Dünndarmsaft | 8,0–9,0 |
| Regen | 5,6 | Seifenlösung | 9,0–10,0 |

## 13.8 Gitterstruktur fester Stoffe

| Eigenschaft | Ionengitter | Metallgitter | Molekülgitter | Atomgitter |
|---|---|---|---|---|
| Gittertyp | positiv geladene Ionen und negativ geladene Ionen | positiv geladene Ionen und negativ geladene Elektronen | ungeladene Moleküle | ungeladene Atome |
| Besetzung d. Gitterplätze | Ionen | Ionen | Moleküle | Atome |
| Wechselwirkung zwischen Teilchen | stark | verschieden | schwach | sehr stark |
| Art der Wechselwirkung | Coulomb-Wechselwirkung | Coulomb-Wechselwirkung | van-der Waals-Wechselwirkung | Elektronenpaarbindung |
| kleinste Verbindungseinheit | gibt es nicht | Metallatom | Molekül | Atom |
| Schmelztemperatur | hoch | verschieden | niedrig | sehr hoch |
| elektrische Leitfähigkeit | gut in gelöstem und geschmolzenem Zustand | sehr gut in festem und flüssigem Zustand | keine | keine |
| typische Vertreter | Metalloxide, Metallsulfide, Metallhydroxide, Salze | Metalle und Metalllegierungen | Nichtmetalle, Nichtmetalloxide, Säuren, organische Stoffe | Diamant, Graphit, Quarz |

## Stichwortverzeichnis

**A**bbildungsmaßstab 54
abgeleitete Einheiten 9
absoluter Nullpunkt 34, 110
Absorption 49
Äquivalentdosis 12, 80 f.
Aktivität 12, 80 f.
Aldehyde 87
Alkohole 87
allgemeines Gasgesetz 36
Amplitude 40, 42
Arbeit 10, 25 f., 37, 60
atomare Masseneinheit 93, 110
Atomhypothese 91
Atommasse 76, 94
Auftrieb 32

**B**asiseinheiten 9 ff.
Beschleunigung 10, 15 ff.
Bewegungsenergie 26
Bildebene 54
Bildgröße 50, 54
Bildpunkt 53 f.
Brennebene 53, 55
Brennpunkt 53, 55
Brennstrahl 53
Brennweite 12, 53 ff.

**C**arbonsäuren 87
Carbonylgruppe 87
Carboxylgruppe 87
chemische Elemente 119 ff.

**D**ichte 10, 31 f., 93, 111
Dopplereffekt 44
Dosisfaktor 80 f.
Drehmoment 10, 24 f.
Dreifingerregel 72
Druck 10, 28 ff.

**e**infache Maschinen 21 f.
elektrische Schaltsymbole 51, 57
elektrischer Widerstand 11, 15, 63
Elektromagnet 71
Elektronegativität 85, 121
Elektronen 59 f., 121
Elektronenflussrichtung 60, 71
elektronische Schalter 76
Elementarladung 59, 110
Energie 10, 26 f., 36 f., 69 f.
Energiedosis 12, 80 f.
Energieerhaltungssatz 27

**F**allbewegung 17
Federkraft 18
Feldlinien 70 ff.
Flaschenzug 22
Formelmasse 94 f.
freier Fall 17
Frequenz 12, 40 f.
funktionelle Gruppe 86

**G**egenstandsgröße 50, 54
Gegenstandspunkt 49, 53
Gerätespannung 61, 69 f.
gesättigte Lösung 100
Gasgesetze 36
Geschwindigkeit 15
Gesetz der konstanten Massenverhältnisse 90
Gesetz von Amontons 36
Gesetz von Boyle-Mariotte 29, 36
Gesetz von der Erhaltung der Masse 90
Gesetz von Gay-Lussac 36
Gewichtskraft 18, 26, 32
Gitterstruktur 123
gleichförmige Bewegung 16

# Stichwortverzeichnis

gleichmäßig beschleunigte Bewegung 16 f.
Gleichrichter 75
Gleichspannung 62
Gleichstrom 62
Grenzwinkel 51

**H**albleiter 74
Halbleiterdiode 75
Halbwertszeit 79, 117
Hangabtriebskraft 21
Hauptsatz der Wärmelehre 37
Hauptstrahl 53 f.
Hebel 23, 24
Hebelgesetz 24
hookesches Gesetz 18
Hörbereich 41
Hörschwelle 42
hydraulische Maschinen 30
hydrostatischer Druck 31
Hydroxide 83 f.

**I**nduktionsspannung 72
Induktionsstrom 72
Innenwiderstand 67 ff.
innere Energie 35, 36 f.
Isotope 71, 117

**K**ernladungszahl 78
Ketone 87
kinetische Energie 26, 27
kirchhoffsche Gesetze 66 f.
Klemmenspannung 61, 65, 67 ff.
Kohlenwasserstoffe 86 f.
Konkavlinsen 52
Konvexlinsen 52
Kräfteaddition 19
Kräftegleichgewicht 20
Kräftezerlegung 20
Kraft 10, 17 ff.

Kraftgesetz 17
Kurbelwelle 22

**L**adung 11, 59 f.
Lageenergie 26
Laststromkreis 76
Lautstärke 12, 42
Leistung 11, 27, 69
Lichtbrechung 51
Lichtbündel 48 f., 53
Lichtstrahl 48, 51
Linkefaustregel 71
Linkehandregel 72
Linsen 51 ff.
Linsenformel 54
Lochkamera 49 f.
Löslichkeit 100, 121
Lorentzkraft 72

**M**achkegel 45
Magnetismus 70
Masse 9 f., 17 f., 26, 31, 90 f.
Massenanteil 13, 101 ff., 122
Massenkonzentration 13, 101
Massenzahl s. Nukleonenzahl
Mol 9, 13, 94
molare Masse 13, 95 ff.
molares Volumen 13, 95, 110
Molarität 102
Molekülmasse 94

**N**etzfrequenz 62
Neutronen 78
n-Leiter 75
Nomenklaturregeln 84, 87
Normalkraft 18, 21

**O**DER-Schaltung 58
ohmsches Gesetz 64
optisch dichteres Medium 51

optisch dünneres Medium 51
optische Achse 53
Oxidation 105 f., 108
Oxidationszahl 106 ff.

**P**arallelschaltung 66
Parallelstrahl 54
p-Leiter 75
potenzielle Energie 26 f.
Protonen 78
punktförmige Lichtquelle 48

**Q**uellenspannung 67

**r**adioaktiver Zerfall 78 f.
Radionuklid 78
Randstrahl 48
Rechtefaustregel 71
Rechtehandregel 73
Redoxreaktion 105 f.
Redoxreihe 121
Reduktion 105 f., 108
reelles Bild 51
Reflexion 49 ff.
Reflexionsgesetz 50
Reibungskraft 18 f., 25
Reibungszahlen 112
Reihenschaltung 64 f.

**S**äuren 83 f.
Salze 83 ff., 123
Satz von Avogadro 91
Schalldruck 42
Schalldruckpegel 42
Schallgeschwindigkeit 12, 43 ff.
Schallmauer 45
Schallwelle 43
schiefe Ebene 21, 27
Schweredruck 31
Schwerkraft 18

Schwingungsdauer 40, 44
Shunt 67
Spannung 11, 60, 75
spezifischer Widerstand 11, 63, 115
spezifische Wärmekapazität 11, 37 f.
Spiegelbild 50 f.
Stempeldruck 28
Steuerstromkreis 76
Stoffmenge 9, 13, 94 f.
Stoffmengenkonzentration 13, 101 f.
Stromkreis 58 f., 61 ff.
Stromstärke 9, 11, 59, 61

**t**echnische Stromrichtung 60
technischer Widerstand 63 f.
Temperatur 9, 11, 34 ff.
thermische Ausdehnung 34, 112
Tonhöhe 43 f.
Totalreflexion 52
Trägheitssatz 17
Transformator 73 f.
Transformatorformeln 73 f.
Transistor 73 f., 76
Transmission 49

**U**ND-Schaltung 58

**V**erstärker 76
virtuelles Bild 51
Volumen 10, 29, 34 ff. 93
Volumengesetz von Gay-Lussac 91

**W**echselschaltung 58
Wechselspannung 62
Wechselstrom 62
Wechselwirkungssatz 18
Wellenlänge 12, 43 f.
Wichtungsfaktor 80

**Z**erfallsreihen 118

# Jetzt können die guten Noten kommen!

- Von der 5. Klasse bis zur Oberstufe
- Speziell für Gymnasium oder Realschule
- Alle wichtigen, lehrplanrelevanten Inhalte eines Schuljahres
- Besonders verständlich aufbereitetes Wissen
- Mit vielen Übungen und Tests
- Ermöglicht das gezielte Üben, Wiederholen und Nacharbeiten des Schulstoffs

Besser in gibt es für folgende Fächer:

- Deutsch
- Englisch
- Mathematik
- Französisch
- Latein
- Spanisch
- Biologie
- Chemie
- Physik

www.cornelsen-scriptor.de

# Das Kompaktwissen fürs Abi im praktischen Pocketformat

In den Bänden der Reihe *Pocket Teacher Abi* werden alle relevanten Themen der Oberstufe übersichtlich und leicht verständlich auf den Punkt gebracht.

- Viele Abbildungen und Schaubilder für ein besseres Textverständnis
- Zur gezielten Vorbereitung auf das schriftliche und mündliche Abitur sowie Referate, Klausuren und Tests
- Mit übersichtlichem „Abi-Fahrplan"

Die Pocket Teacher Abi gibt es für folgende Fächer:

|   | ISBN 978-3-411- |
|---|---|
| Deutsch | 86292-4 |
| Englisch | 86294-8 |
| Mathematik | 86298-6 |
| Französisch | 81000-0 |
| Latein | 86491-1 |
| Biologie | 86293-1 |
| Physik | 81002-4 |
| Chemie | 80999-8 |
| Erdkunde | 86295-5 |
| Geschichte | 86296-2 |
| Politik / Sozialkunde | 86301-3 |
| Wirtschaft | 86302-0 |
| Kunst | 86297-9 |
| Musik | 86299-3 |
| Sport | 80998-1 |
| Pädagogik | 86300-6 |
| Facharbeit | 81001-7 |

Unter Schülern die Nummer 1

www.pocket-teacher.de